COMÉDIES

DE

MOLIÈRE

SCÈNES CHOISIES

AVIGNON

AMÉDÉE CHAILLOT, ÉDITEUR

Place du Change, 5.

5. Faire en son honneur quelque acte de mortification, ou quelque œuvre de miséricorde spirituelle ou corporelle.

6. Réciter sept *Pater*, *Ave* et *Gloria*, pour honorer ses douleurs et ses joies.

7. Finir la journée par une visite au St-Sacrement et par l'offrande de son cœur au saint patriarche.

Indulgences.

Indulgence plénière. 1° Le jour de l'inscription. 2° Le jour choisi dans l'année pour les pratiques du Culte perpétuel. 3° A l'article de la mort. 4° Le 19 mars, fête de Saint Joseph. 5° Le troisième Dimanche après Pâques, fête du Patronage de Saint Joseph. 6° Le 23 janvier, fête des Épousailles de la Sainte Vierge et de Saint Joseph. 7° Aux fêtes de la Purification — de l'Annonciation — de l'Assomption — de la Nativité — de l'Immaculée Conception de la Très-Sainte Vierge.

Indulgences partielles de sept ans et sept quarantaines pour chaque jour où l'on s'acquittera de quelqu'une des sept pratiques énoncées ci-dessus.
(*Pie IX*, *Rescrit du 20 janv.* 1856.)

Par son nouveau Bref du 5 juillet 1861, Sa Sainteté Pie IX confirme les indulgences ci-dessus et accorde en outre aux associés une indulgence plénière chaque mois au jour choisi par eux.

Toutes ces indulgences sont applicables aux âmes du Purgatoire.

Celui qui durant sa vie console Saint Joseph, en sera consolé à l'heure de sa mort.

Répandez de tout votre zèle le Culte perpétuel.

Avignon. Imp. A. Chaillot.

MOLIÈRE

C.

COMÉDIES

DE

MOLIÈRE

SCÈNES CHOISIES

———— ··⊙··⊙·· ————

AVIGNON

AMÉDÉE CHAILLOT, ÉDITEUR

Place du Change, 5.

1863

COMÉDIES

DE MOLIÈRE

SCÈNES CHOISIES

L'AVARE

Dans cette pièce, Molière n'a rien oublié pour faire détester la malheureuse passion de l'Avare. Quelle leçon plus humiliante pour lui et plus instructive pour tout le monde, que le moment où il se rencontre, faisant le métier du plus vil usurier vis-à-vis de son fils, qui fait celui d'un jeune homme à qui l'avarice de ses parents refuse l'honnête nécessaire. Harpagon est haï et méprisé de tout ce qui l'entoure. Veuf et père de deux enfants, un fils, Cléante, et une fille, Elise, il est sur le point de se remarier avec Marianne, jeune personne sur qui son fils a les mêmes vues. Harpagon a invité à dîner sa prétendue, et son avarice lutte en cette circonstance, avec le désir de la recevoir convenablement. Les scènes suivantes peignent parfaitement cette situation d'esprit.

1

ACTE TROISIÈME.

SCÈNE I.

HARPAGON, CLÉANTE, ÉLISE, VALÈRE, dame CLAUDE, *tenant un balai ;* maitre JACQUES, LA MERLUCHE, BRINDAVOINE.

HARPAGON.

Allons, venez çà tous, que je vous distribue mes ordres pour tantôt, et règle à chacun son emploi. Approchez, dame Claude ; commençons par vous. Bon, vous voilà les armes à la main. Je vous commets au soin de nettoyer partout ; et surtout prenez garde de frotter les meubles trop fort, de peur de les user. Outre cela, je vous constitue pendant le souper au gouvernement des bouteilles ; et, s'il s'en écarte quelqu'une, et qu'il se casse quelque chose, je m'en prendrai à vous, et le rabattrai sur vos gages.

Mᵉ JACQUES, *à part.*

Châtiment politique !

HARPAGON, *à dame Claude.*

Allez.

SCÈNE II.

HARPAGON, CLÉANTE, ÉLISE, VALÈRE, maitre JACQUES, BRINDAVOINE, LA MERLUCHE.

HARPAGON.

Vous, Brindavoine, et vous, la Merluche, je vous

établis dans la charge de rincer les verres, et de donner
à boire, mais seulement lorsque l'on aura soif, et non
pas selon la coutume de certains impertinents de laquais
qui viennent provoquer les gens, et les faire aviser de
boire lorsqu'on n'y songe pas. Attendez qu'on vous en
demande plus d'une fois, et vous ressouvenez de porter
toujours beaucoup d'eau.

Mᵉ JACQUES, *à part.*

Oui, le vin pur monte à la tête.

LA MERLUCHE.

Quitterons-nous nos souquenilles, monsieur?

HARPAGON.

Oui, quand vous verrez venir les personnes; et gar-
dez bien de gâter vos habits.

BRINDAVOINE.

Vous savez bien, monsieur, qu'un des devants de mon
pourpoint est couvert d'une grande tache de l'huile de la
lampe.

LA MERLUCHE.

Et moi, monsieur, que j'ai mon haut-de-chausses tout
troué par derrière, et qu'on me voit, révérence parler...

HARPAGON, *à la Merluche.*

Paix; rangez cela adroitement du côté de la muraille,
et présentez toujours le devant au monde.

(à Brindavoine, en lui montrant comme il doit mettre son
chapeau au devant de son pourpoint pour cacher la tache
d'huile.)

Et vous, tenez toujours votre chapeau ainsi, lorsque vous servirez.

SCÈNE III.

HARPAGON, CLEANTE, ÉLISE, VALÈRE, MAITRE JACQUES.

HARPAGON.

Pour vous, ma fille, vous aurez l'œil sur ce que l'on desservira, et prendrez garde qu'il ne s'en fasse aucun dégât. Cela sied bien aux filles. Mais cependant préparez-vous à bien recevoir ma future, qui vous doit venir visiter, et vous mener avec elle à la foire. Entendez-vous ce que je vous dis?

ÉLISE.

Oui, mon père.

SCÈNE IV.

HARPAGON, CLEANTE, VALÈRE, MAITRE JACQUES.

HARPAGON.

Et vous, mon fils le damoiseau, à qui j'ai la bonté de pardonner l'histoire de tantôt, ne vous allez pas aviser non plus de lui faire mauvais visage.

CLÉANTE.

Moi, mon père? mauvais visage? et par quelle raison?

HARPAGON.

Mon Dieu, nous savons le train des enfants dont les pères se remarient, et de quel œil ils ont coutume de regarder ce qu'on appelle belle-mère. Mais si vous souhaitez que je perde le souvenir de votre dernière fredaine, je vous recommande surtout de régaler d'un bon visage cette personne-là, et de lui faire enfin tout le meilleur accueil qu'il vous sera possible.

CLÉANTE.

A vous dire le vrai, mon père, je ne puis pas vous promettre d'être bien aise qu'elle devienne ma belle-mère : je mentirais si je vous le disais ; mais pour ce qui est de la bien recevoir et de lui faire bon visage, je vous promets de vous obéir ponctuellement sur ce chapitre.

HARPAGON.

Prenez-y garde, au moins.

CLÉANTE.

Vous verrez que vous n'aurez pas sujet de vous en plaindre.

HARPAGON.

Vous ferez sagement.

SCÈNE V.

HARPAGON, VALÈRE, maitre JACQUES.

HARPAGON.

Valère, aide-moi à ceci. Oh çà ! maitre Jacques, approchez-vous ; je vous ai gardé pour le dernier.

Me JACQUES.

Est-ce à votre cocher, monsieur, ou bien à votre cuisinier, que vous voulez parler ? car je suis l'un et l'autre.

HARPAGON.

C'est à tous les deux.

Me JACQUES.

Mais à qui des deux le premier ?

HARPAGON.

Au cuisinier.

Me JACQUES.

Attendez donc, s'il vous plaît.

(Maître Jacques ôte sa casaque de cocher, et paraît vêtu en cuisinier.)

HARPAGON.

Quelle diantre de cérémonie est-ce là ?

Me JACQUES.

Vous n'avez qu'à parler.

HARPAGON.

Je me suis engagé, maître Jacques, à donner ce soir à souper.

Me JACQUES, *à part.*

Grande merveille !

HARPAGON.

Dis-moi un peu, nous feras-tu bonne chère ?

Me JACQUES.

Oui, si vous me donnez bien de l'argent.

HARPAGON.

Que diable ! toujours de l'argent ! il semble qu'ils n'aient rien autre chose à dire ; de l'argent ! de l'argent ! de l'argent ! Ah ! ils n'ont que ce mot à la bouche, de l'argent ! Toujours parler d'argent ! Voilà leur épée de chevet, de l'argent !

VALÈRE.

Je n'ai jamais vu de réponse plus impertinente que celle-là. Voilà une belle merveille que de faire bonne chère avec bien de l'argent ! c'est une chose la plus aisée du monde, et il n'y a si pauvre esprit qui n'en fît bien autant. Mais pour agir en habile homme, il faut parler de faire bonne chère avec peu d'argent.

Mᶜ JACQUES.

Bonne chère avec peu d'argent !

VALÈRE.

Oui.

Mᶜ JACQUES, *à Valère.*

Par ma foi, monsieur l'intendant, vous nous obligerez de nous faire voir ce secret, et de prendre mon office de cuisinier : aussi bien vous mêlez-vous céans d'être le factotum.

HARPAGON.

Taisez-vous. Qu'est-ce qu'il nous faudra ?

Mᶜ JACQUES.

Voilà monsieur votre intendant qui vous fera bonne chère pour peu d'argent.

HARPAGON.

Ah ! je veux que tu me répondes.

Me JACQUES.

Combien serez-vous de gens à table ?

HARPAGON.

Nous serons huit ou dix , mais il ne faut prendre que huit. Quand il y a à manger pour huit, il y en a bien pour dix.

VALÈRE.

Cela s'entend.

Me JACQUES.

Hé bien ! il faudra quatre grands potages et cinq assiettes.... Potages.... Entrées....

HARPAGON.

Que diable ! voilà pour traiter une ville tout entière.

Me JACQUES.

Rôt....

HARPAGON. *mettant la main sur la bouche de maître Jacques.*

Ah ! traître, tu manges tout mon bien.

Me JACQUES.

Entremets...

HARPAGON, *mettant encore la main sur la bouche de maître Jacques.*

Encore !

VALÈRE, *à maître Jacques*.

Est-ce que vous avez envie de faire crever tout le monde? et monsieur a-t-il invité des gens pour les assassiner à force de mangeaille? Allez-vous-en lire un peu les préceptes de la santé, et demander aux médecins s'il y a rien de plus préjudiciable à l'homme que de manger avec excès.

HARPAGON.

Il a raison.

VALÈRE.

Apprenez, maître Jacques, vous et vos pareils, que c'est un coupe-gorge qu'une table remplie de trop de viandes; que pour se bien montrer ami de ceux que l'on invite, il faut que la frugalité règne dans les repas qu'on donne, et que, suivant le dire d'un ancien, *il faut manger pour vivre, et non pas vivre pour manger.*

HARPAGON.

Ah, que cela est bien dit! approche, que je t'embrasse pour ce mot. Voilà la plus belle sentence que j'aie entendue de ma vie : *Il faut vivre pour manger, et non pas manger pour vi...* Non, ce n'est pas cela. Comment est-ce que tu dis?

VALÈRE.

Qu'*il faut manger pour vivre, et non pas vivre pour manger.*

HARPAGON.

(à maître Jacques.) Oui, entends-tu? *(à Valère.)* Qui est le grand homme qui a dit cela?

1.

VALÈRE.

Je ne me souviens pas maintenant de son nom.

HARPAGON.

Souviens-toi de m'écrire ces mots ; je les veux faire graver en lettres d'or sur la cheminée de ma salle.

VALÈRE.

Je n'y manquerai pas : et pour votre souper, vous n'a-vez qu'à me laisser faire, je réglerai tout cela comme il faut.

HARPAGON.

Fais donc.

Mᵉ JACQUES.

Tant mieux, j'en aurai moins de peine.

HARPAGON, *à Valère.*

Il faudra de ces choses dont on ne mange guère, et qui rassasient d'abord ; quelque bon haricot bien gras, avec quelque pâté en pot bien garni de marrons.

VALÈRE.

Reposez-vous sur moi.

HARPAGON.

Maintenant, maître Jacques, il faut nettoyer mon car-rosse.

Mᵉ JACQUES.

Attendez. Ceci s'adresse au cocher.

(*Maître Jacques remet sa casaque.*)

Vous dites... ?

HARPAGON.

Qu'il faut nettoyer mon carrosse, et tenir mes chevaux
tout prêts pour conduire à la foire...

Me JACQUES.

Vos chevaux, monsieur ! Ma foi, ils ne sont point du
tout en état de marcher. Je ne vous dirai point qu'ils sont
sur la litière, les pauvres bêtes n'en ont point ; et ce serait
mal parler : mais vous leur faites observer des jeûnes si
austères, que ce ne sont plus rien que des idées ou des fan-
tômes, des façons de chevaux.

HARPAGON.

Les voilà bien malades ! ils ne font rien.

Me JACQUES.

Et pour ne rien faire, monsieur, est-ce qu'il ne faut
rien manger ? Il leur vaudrait bien mieux, les pauvres
animaux, de travailler beaucoup, de manger de même.
Cela me fend le cœur de les voir ainsi exténués ; car enfin
j'ai une tendresse pour mes chevaux, qu'il me semble que
c'est moi-même, quand je les vois pâtir ; je m'ôte tous les
jours pour eux les choses de la bouche ; et c'est être, monsieur, d'un naturel trop dur, que de n'avoir nulle pitié de
son prochain.

HARPAGON.

Le travail ne sera pas grand d'aller jusqu'à la foire.

Me JACQUES.

Non, monsieur. je n'ai point le courage de les mener,
et je ferais conscience de leur donner des coups de fouet
en l'état où ils sont. Comment voudriez-vous qu'ils trai-

nassent un carrosse ? ils ne peuvent pas se traîner eux-
mêmes.

VALÈRE.

Monsieur, j'obligerai le voisin le Picard à se charger de
les conduire ; aussi bien nous fera-t-il ici besoin pour
apprêter le souper.

Me JACQUES.

Soit. J'aime mieux encore qu'ils meurent sous la main
d'un autre que sous la mienne.

VALÈRE.

Maître Jacques fait bien le raisonnable.

Me JACQUES.

Monsieur l'intendant fait bien le nécessaire.

HARPAGON.

Paix.

Me JACQUES.

Monsieur, je ne saurais souffrir les flatteurs : et je vois
que ce qu'il en fait, que ses contrôles perpétuels sur le
pain et le vin, le bois, le sel et la chandelle, ne sont
rien que pour vous gratter, et vous faire la cour. J'enrage
de cela, et je suis fâché tous les jours d'entendre ce
qu'on dit de vous : car enfin je me sens pour vous de la
tendresse, en dépit que j'en aie; et, après mes chevaux, vous êtes la personne que j'aime le plus.

HARPAGON.

Pourrais-je savoir de vous, maître Jacques, ce que
l'on dit de moi ?

Mᵉ JACQUES.

Oui, monsieur, si j'étais assuré que cela ne vous fâ_
chât point.

HARPAGON.

Non, en aucune façon.

Mᵉ JACQUES.

Pardonnez-moi ; je sais fort bien que je vous mettrais
en colère.

HARPAGON.

Point du tout ; au contraire, c'est me faire plaisir, et
je suis bien aise d'apprendre comme on parle de moi.

Mᵉ JACQUES.

Monsieur, puisque vous le voulez, je vous dirai franchement qu'on se moque partout de vous, qu'on nous jette
de tous côtés cent brocards à votre sujet, et que l'on n'est
point plus ravi que de vous tenir au cul et aux chausses,
et de faire sans cesse des contes de votre lésine. L'un
dit que vous faites imprimer des almanachs particuliers,
où vous faites doubler les quatre-temps et les vigiles,
afin de profiter des jeûnes où vous obligez votre monde ;
l'autre, que vous avez toujours une querelle toute prête
à faire à vos valets dans le temps des étrennes, ou de leur
sortie d'avec vous, pour vous trouver une raison de ne
leur donner rien : celui-là conte qu'une fois vous fîtes
assigner le chat d'un de vos voisins, pour vous avoir
mangé un reste de gigot de mouton ; celui-ci, que l'on
vous surprit une nuit en venant dérober vous-même l'a-
voine de vos chevaux, et votre cocher, qui était celui
d'avant moi, vous donna dans l'obscurité je ne sais com-

bien de coups de bâton, dont vous ne voulûtes rien dire. Enfin, voulez-vous que je vous dise? on ne saurait aller nulle part où l'on ne vous entende accommoder de toutes pièces : vous êtes la fable et la risée de tout le monde; et jamais on ne parle de vous que sous les noms d'avare, de ladre, de vilain, et de fesse-Mathieu.

HARPAGON, *en battant maître Jacques.*

Vous êtes un sot, un maraud, un coquin et un impudent.

Mᶜ JACQUES.

Hé bien! ne l'avais-je pas deviné? Vous ne m'avez pas voulu croire. Je vous avais bien dit que je vous fâcherais de vous dire la vérité.

HARPAGON.

Apprenez à parler.

Au quatrième acte, Harpagon, qui a enfoui dans son jardin la cassette qui contient son trésor, s'aperçoit qu'on la lui a volée. Son désespoir éclate par ces paroles où l'âme de l'Avare se peint en traits énergiques.

ACTE IV, SCÈNE VII.

HARPAGON, *criant au voleur dès le jardin.*

Au voleur! au voleur! à l'assassin! au meurtrier! Justice, juste ciel! Je suis assassiné; on m'a coupé la gorge, on m'a dérobé mon argent. Qui peut-ce être?

Qu'est-il devenu ? Où est-il ? Où se cache-t-il ? Que fe-
rai-je pour le trouver ? Où courir ? Où ne pas courir ?
N'est-il point là ? N'est-il point ici ? Qui est-ce ? Arrête. (*à lui-même se prenant par le bras.*) Rends-moi
mon argent, coquin... Ah ! c'est moi... Mon esprit est
troublé, et j'ignore où je suis, qui je suis, et ce que je
fais. Hélas ! mon pauvre argent, mon pauvre argent,
mon cher ami, on m'a privé de toi ! et, puisque tu m'es
enlevé, j'ai perdu mon support, ma consolation, ma joie ;
tout est fini pour moi, et je n'ai plus que faire au monde !
Sans toi il m'est impossible de vivre. C'en est fait ; je
n'en puis plus, je me meurs, je suis mort, je suis en-
terré. N'y a-t-il personne qui veuille me ressusciter, en
me rendant mon cher argent ; ou en m'apprenant qui
l'a pris ? Hé ! que dites-vous ? Ce n'est personne. Il
faut, qui que ce soit qui ait fait le coup, qu'avec beaucoup de soin on ait épié l'heure ; et l'on a choisi justement le temps que je parlais à mon traître de fils.
Sortons. Je veux aller quérir la justice, et faire
donner la question à toute ma maison, à ser-
vantes, à valets, à fils, à fille, et à moi aussi. Que de
gens assemblés ! Je ne jette mes regards sur personne
qui ne me donne des soupçons, et tout me semble mon
voleur. Hé ! de quoi est-ce qu'on parle là ? de celui qui
m'a dérobé ? Quel bruit fait-on là-haut ? est-ce mon voleur qui y est ? De grâce, si l'on sait des nouvelles de
mon voleur, je supplie que l'on m'en dise. N'est-il point
caché là parmi vous ? Ils me regardent tous et se mettent à rire. Vous verrez qu'ils ont part , sans doute,

au vol que l'on m'a fait. Allons vite, des commissaires, des archers, des prévôts, des juges, des gênes, des potences et des bourreaux. Je veux faire pendre tout le monde ; et, si je ne retrouve pas mon argent, je me pendrai moi-même après.

Au cinquième acte, Harpagon a fait venir un commissaire pour découvrir le voleur de sa cassette. Maître Jacques saisit cette occasion pour se venger de Valère, qui est entré dans la maison d'Harpagon, en apparence comme intendant, mais en réalité dans le but d'obtenir la main de sa fille Élise.

ACTE V, SCÈNE I.

LE COMMISSAIRE,

Laissez-moi faire, je sais mon métier, Dieu merci. Ce n'est pas d'aujourd'hui que je me mêle de découvrir des vols ; et je voudrais avoir autant de sacs de mille francs que j'ai fait pendre de personnes.

HARPAGON.

Tous les magistrats sont intéressés à prendre cette affaire en main ; et, si l'on ne me fait retrouver mon argent, je demanderai justice de la justice.

LE COMMISSAIRE.

Il faut faire toutes les poursuites requises. Vous dites qu'il y avait dans cette cassette...

HARPAGON.

Dix mille écus bien comptés.

LE COMMISSAIRE

Dix mille écus !

HARPAGON.

Dix mille écus.

LE COMMISSAIRE.

Le vol est considérable.

HARPAGON.

Il n'y a point de supplice assez grand pour l'énormité
de ce crime ; et, s'il demeure impuni, les choses les plus
sacrées ne sont plus en sûreté.

LE COMMISSAIRE.

En quelles espèces était cette somme ?

HARPAGON.

En bons louis d'or et pistoles bien trébuchantes.

LE COMMISSAIRE.

Qui soupçonnez-vous de ce vol ?

HARPAGON.

Tout le monde ; et je veux que vous arrêtiez prison-
niers la ville et les faubourgs.

LE COMMISSAIRE.

Il faut, si vous m'en croyez, n'effaroucher personne,
et tâcher doucement d'attraper quelques preuves, afin de
procéder après, par la rigueur, au recouvrement des deniers qui vous ont été pris.

SCÈNE II.

Mᵉ JACQUES, *dans le fond du théâtre, en se retournant du côté par lequel il est entré.*

Je m'en vais revenir : qu'on me l'égorge tout à l'heure : qu'on me lui fasse griller les pieds ; qu'on me le mette dans l'eau bouillante ; et qu'on me le pende au plancher.

HARPAGON, *à Mᵉ Jacques.*

Qui ? celui qui m'a dérobé ?

Mᵉ JACQUES.

Je parle d'un cochon de lait que votre intendant me vient d'envoyer, et je veux vous l'accommoder à ma fantaisie.

HARPAGON.

Il n'est pas question de cela, et voilà monsieur à qui il faut parler d'autre chose.

LE COMMISSAIRE, *à Mᵉ Jacques.*

Ne vous épouvantez point : je suis homme à ne vous point scandaliser, et les choses iront dans la douceur.

Mᵉ JACQUES.

Monsieur est de votre souper ?

LE COMMISSAIRE.

Il faut ici, mon cher ami, ne rien cacher à votre maître.

Mᵉ JACQUES.

Ma foi, monsieur, je montrerai tout ce que je

sais faire, et je vous traiterai du mieux qu'il me sera
possible.

HARPAGON.

Ce n'est pas là l'affaire.

Mᵉ JACQUES.

Si je ne vous fais pas aussi bonne chère que je voudrais, c'est la faute de monsieur votre intendant, qui
m'a rogné les ailes avec les ciseaux de son économie.

HARPAGON.

Traître ! il s'agit d'autre chose que de souper : et
je veux que tu me dises des nouvelles de l'argent qu'on
m'a pris.

Mᵉ JACQUES.

On vous a pris de l'argent ?

HARPAGON.

Oui, coquin, et je m'en vais te faire pendre si tu ne
me le rends.

LE COMMISSAIRE, *à Harpagon.*

Mon Dieu, ne le maltraitez point. Je vois à sa mine qu'il
est honnête homme, et que, sans se faire mettre en prison,
il vous découvrira ce que vous voulez savoir. Oui, mon
ami, si vous nous confessez la chose, il ne vous sera fait
aucun mal, et vous serez récompensé comme il faut par
votre maître. On lui a pris aujourd'hui son argent, et il
n'est pas que vous ne sachiez quelque nouvelle de cette
affaire.

Mᵉ JACQUES, *bas à part.*

Voici justement ce qu'il me faut pour me venger de notre

intendant. Depuis qu'il est entré céans, il est le favori ; on n'écoute que ses conseils ; et j'ai aussi sur le cœur les coups de bâton de tantôt.

HARPAGON.

Qu'as-tu à ruminer ?

LE COMMISSAIRE, *à Harpagon.*

Laissez-le faire, il se prépare à vous contenter ; et je vous ai bien dit qu'il était honnête homme.

Mᵉ JACQUES.

Monsieur, si vous voulez que je vous dise les choses, je crois que c'est monsieur votre cher intendant qui a fait le coup.

HARPAGON.

Valère ?

Mᵉ JACQUES.

Oui.

HARPAGON.

Lui, qui me paraît si fidèle ?

Mᵉ JACQUES.

Lui-même. Je crois que c'est lui qui vous a dérobé.

HARPAGON.

Et sur quoi le crois-tu ?

Mᵉ JACQUES.

Sur quoi ?

HARPAGON.

Oui.

Mᵉ JACQUES.

Je le crois... sur ce que je le crois.

LE COMMISSAIRE.

Mais il est nécessaire de dire les indices que vous avez.

HARPAGON.

L'as-tu vu rôder autour du lieu où j'avais mis mon argent ?

Mᵉ JACQUES.

Oui, vraiment. Où était-il votre argent ?

HARPAGON.

Dans le jardin.

Mᵉ JACQUES.

Justement. Je l'ai vu rôder dans le jardin. Et dans quoi est-ce que cet argent était ?

HARPAGON.

Dans une cassette.

Mᵉ JACQUES.

Voilà l'affaire. Je lui ai vu une cassette.

HARPAGON.

Et cette cassette, comment est-elle faite ? Je verrai bien si c'est la mienne.

Mᵉ JACQUES.

Comment elle est faite ?

HARPAGON.

Oui.

Mᵉ JACQUES.

Elle est faite... Elle est faite comme une cassette.

LE COMMISSAIRE.

Cela s'entend. Mais dépeignez-la un peu, pour voir.

Mᵉ JACQUES.

C'est une grande cassette.

HARPAGON.

Celle qu'on m'a volée est petite.

Mᵉ JACQUES.

Hé oui, elle est petite, si on le veut prendre par là ;
mais je l'appelle grande pour ce qu'elle contient.

LE COMMISSAIRE.

Et de quelle couleur est-elle ?

Mᵉ JACQUES.

De quelle couleur ?

LE COMMISSAIRE.

Oui.

Mᵉ JACQUES.

Elle est de couleur... là, d'une certaine couleur.... Ne
sauriez-vous m'aider à dire ?

HARPAGON.

Hé ?

Mᵉ JACQUES.

N'est-elle pas rouge ?

HARPAGON.

Non, grise.

Mᵉ JACQUES.

Hé, oui, gris-rouge, c'est ce que je voulais dire.

HARPAGON.

Il n'y a point de doute, c'est elle assurément. Écrivez, monsieur, écrivez sa déposition. Ciel ! à qui désormais se fier ? il ne faut plus jurer de rien ; et je crois, après cela que je suis homme à me voler moi-même.

Mᵉ JACQUES, *à Harpagon.*

Monsieur, le voici qui revient. Ne lui allez pas dire au moins que c'est moi qui vous ai découvert tout cela.

SCÈNE III.

HARPAGON.

Approche, viens confesser l'action la plus noire, l'attentat le plus horrible qui jamais ait été commis.

VALÈRE.

Que voulez-vous, monsieur ?

HARPAGON.

Comment, traître, tu ne rougis pas de ton crime ?

VALÈRE.

De quel crime voulez-vous donc parler ?

HARPAGON.

De quel crime je veux parler, infâme ! comme si tu

ne savais pas ce que je veux dire ! C'est en vain que tu
prétendrais de le déguiser : l'affaire est découverte, et
l'on vient de m'apprendre tout. Comment ! abuser ainsi
de ma bonté, et s'introduire exprès chez moi pour me
trahir, pour me jouer un tour de cette nature.

VALÈRE.

Monsieur, puisqu'on vous a découvert tout, je ne veux
point chercher de détours, et vous nier la chose.

Mᵉ JACQUES, *bas à part*.

Oh ! oh ! aurais-je deviné sans y penser ?

VALÈRE.

C'était mon dessein de vous en parler, et je voulais attendre pour cela des conjonctures favorables ; mais puisqu'il
en est ainsi, je vous conjure de ne vous point fàcher et de
vouloir entendre mes raisons.

HARPAGON.

Et quelles belles raisons peux-tu me donner, voleur,
infâme ?

VALÈRE.

Ah ! monsieur, je n'ai pas mérité ces noms. Il est vrai
que j'ai commis une offense envers vous ; mais après tout
ma faute est pardonnable.

HARPAGON.

Comment, pardonnable ! un guet-apens, un assassinat
de la sorte !

VALÈRE.

De grâce, ne vous mettez point en colère. Quand vous

m'aurez ouï, vous verrez que le mal n'est pas aussi grand que vous le faites.

HARPAGON.

Le mal n'est pas si grand que je le fais! Quoi! mon sang, mes entrailles, pendard !

VALÈRE.

Votre sang, monsieur, n'est pas tombé dans de mauvaises mains. Je suis d'une condition à ne lui point faire de tort ; et il n'y a rien en tout ceci que je ne puisse bien réparer.

HARPAGON.

C'est bien mon intention, et que tu me restitues ce que tu m'as ravi.

VALÈRE.

Votre honneur, monsieur, sera pleinement satisfait.

HARPAGON.

Il n'est pas question d'honneur là-dedans. Mais, dis-moi, qui t'a porté à cette action ?

VALÈRE.

Hélas ! me le demandez-vous ?

HARPAGON

Oui, vraiment, je te le demande.

VALÈRE.

L'amour.

HARPAGON.

L'amour !

VALÈRE.

Oui.

HARPAGON.

Bel amour ! bel amour, ma foi ! l'amour de mes louis
d'or.

VALÈRE.

Non, monsieur, ce ne sont point vos richesses qui
m'ont tenté, ce n'est pas cela qui m'a ébloui ; et je pro-
teste de ne prétendre rien à tous vos biens, pourvu que
vous me laissiez celui que j'ai.

HARPAGON.

Non ferai, de par tous les diables ; je ne te le laisserai
pas. Mais voyez quelle insolence, de vouloir retenir le
vol qu'il m'a fait.

VALÈRE.

Appelez-vous cela un vol ?

HARPAGON.

Si je l'appelle un vol ! un trésor comme celui-là !

VALÈRE.

C'est un trésor, il est vrai, et le plus précieux que
vous avez sans doute ; mais ce ne sera pas le perdre que
de me le laisser. Je vous le demande à genoux, ce trésor plein de charmes ; et pour bien faire il faut que vous
me l'accordiez.

HARPAGON.

Je n'en ferai rien. Qu'est-ce à dire, cela ?

VALÈRE.

Nous nous sommes promis une foi mutuelle, nous avons fait serment de ne nous point abandonner.

HARPAGON.

Le serment est admirable, et la promesse plaisante !

VALÈRE.

Oui, nous nous sommes engagés d'être l'un à l'autre à jamais.

HARPAGON.

Je vous en empêcherai bien, je vous assure.

VALÈRE.

Rien que la mort ne nous peut séparer.

HARPAGON.

C'est être bien endiablé après mon argent !

VALÈRE.

Je vous ai dit, monsieur, que ce n'était point l'intérêt qui m'avait poussé à faire ce que j'ai fait. Mon cœur n'a point agi par les ressorts que vous pensez, et un motif plus noble m'a inspiré cette résolution.

HARPAGON.

Vous verrez que c'est par charité chrétienne qu'il veut avoir mon bien. Mais j'y donnerai bon ordre ; et la justice, pendard effronté, me va faire raison de tout.

VALÈRE.

Vous en userez comme vous voudrez, et me voilà prêt à souffrir toutes les violences qu'il vous plaira : mais je vous prie de croire au moins que, s'il y a du mal, ce n'est que moi qu'il en faut accuser, et que votre fille, en tout ceci, n'est aucunement coupable.

HARPAGON.

Je le crois bien vraiment : il serait fort étrange que ma fille eût trempé dans ce crime. Mais je veux ravoir mon affaire, et que tu me confesses en quel endroit tu me l'as enlevée.

VALÈRE.

Moi ? je ne l'ai point enlevée ; et elle est encore chez vous.

HARPAGON, *à part*.

O ma chère cassette ! (*haut.*) Elle n'est point sortie de ma maison ?

VALÈRE.

Non, monsieur.

HARPAGON.

Hé ! dis-moi un peu ; tu n'y as point touché ?

VALÈRE.

Moi, y toucher ! Ah ! vous lui faites tort aussi bien qu'à moi ; et c'est d'une ardeur toute pure et respectueuse que j'ai brûlé pour elle.

HARPAGON, *à part*.

Brûlé pour ma cassette !

VALÈRE.

J'aimerais mieux mourir que de lui avoir fait paraître

aucune pensée offensante ; elle est trop sage et trop honnête pour cela.

HARPAGON, *à part.*

Ma cassette trop honnête !

VALÈRE.

Rien de criminel n'a profané la passion que ses beaux
yeux m'ont inspirée.

HARPAGON, *à part.*

Les beaux yeux de ma cassette !

VALÈRE.

Dame Claude, monsieur, sait la vérité de cette aventure, et elle peut vous rendre témoignage...

HARPAGON.

Quoi ! ma servante est complice de l'affaire !

VALÈRE.

Oui, monsieur, elle m'a aidé à persuader votre
fille...

HARPAGON.

Hé ! *(à part.)* Est-ce que la peur de la justice le
fait extravaguer ? *(à. Valère.)* Que nous brouilles-tu
ici de ma fille ?

VALÈRE.

Je dis, monsieur, que j'ai eu toutes les peines du monde
à la faire consentir à nous signer mutuellement une promesse de mariage ?

HARPAGON.

Ma fille t'a signé une promesse de mariage ?

5.

VALÈRE.

Oui, monsieur, comme de ma part je lui en ai signé une.

HARPAGON.

O ciel ! autre disgrace !

Mᵉ JACQUES, *au commissaire.*

Écrivez, monsieur, écrivez.

HARPAGON.

Rengrègement de mal ! surcroît de désespoir ! (*au commissaire.*) Allons, monsieur, faites le dû de votre charge, et dressez-lui son procès comme larron et comme suborneur.

Mᵉ JACQUES.

Comme larron et comme suborneur.

VALÈRE.

Ce sont des noms qui ne me sont point dûs, et quand on saura qui je suis...

La véritable condition de Valère est reconnue, la cassette est rendue à Harpagon, qui consent au mariage de Valère avec Élise et de son fils avec Marianne, à condition qu'il ne donnera point d'argent à ses enfants, qu'on lui fera faire un habit pour les noces et qu'on paiera le commissaire.

LE MISANTHROPE

De ce chef-d'œuvre nous ne citerons, faute d'espace,
que la fameuse scène du sonnet.

ORONTE, *à Alceste.*

J'ai su là-bas que pour quelques emplettes,
Éliante est sortie et Célimène aussi ;
Mais, comme l'on m'a dit que vous étiez ici,
J'ai monté pour vous dire, et d'un cœur véritable,
Que j'ai conçu pour vous une estime incroyable,
Et que depuis longtemps cette estime m'a mis
Dans un ardent désir d'être de vos amis.
Oui, mon cœur au mérite aime à rendre justice,
Et je brûle qu'un nœud d'amitié nous unisse.
Je crois qu'un ami chaud et de ma qualité,
N'est pas assurément pour être rejeté.

(Pendant le discours d'Oronte, Alceste
est rêveur, sans faire attention que c'est à
lui qu'on parle, et ne sort de sa rêverie que
quand Oronte lui dit :)

C'est à vous, s'il vous plaît, que ce discours s'adresse.

ALCESTE.

À moi, monsieur ?

ORONTE.

À vous. Trouvez-vous qu'il vous blesse ?

ALCESTE.

Non pas. Mais la surprise est fort grande pour moi.
Et je n'attendais pas l'honneur que je reçoi.

ORONTE.

L'estime où je vous tiens ne doit point vous sur-
[prendre.
Et de tout l'univers vous la pouvez prétendre.

ALCESTE.

Monsieur...

ORONTE.

L'état n'a rien qui ne soit au-dessous
Du mérite éclatant que l'on découvre en vous.

ALCESTE.

Monsieur...

ORONTE.

Oui, de ma part je vous tiens préférable
A tout ce que j'y vois de plus considérable.

ALCESTE.

Monsieur...

ORONTE.

Sois-je du ciel écrasé si je mens !
Et pour vous confirmer ici mes sentiments,
Souffrez qu'à cœur ouvert, monsieur, je vous em-
[brasse,
Et qu'en votre amitié je demande une place.
Touchez-là, s'il vous plaît. Vous me la promettez,
Votre amitié ?

ALCESTE.

Monsieur...

ORONTE.

Quoi ! vous y résistez ?

ALCESTE.

Monsieur, c'est trop d'honneur que voulez me faire :
Mais l'amitié demande un peu plus de mystère ;
Et c'est assurément en profaner le nom
Que de vouloir le mettre à toute occasion.
Avec lumière et choix cette union veut naître.
Avant que nous lier, il faut nous mieux connaître ;
Et nous pourrions avoir telles complexions,
Que tous deux du marché nous nous repentirions.

ORONTE.

Parbleu ! c'est là-dessus parler en homme sage,
Et je vous en estime encore davantage :
Souffrons donc que le temps forme des nœuds si doux.
Mais cependant je m'offre entièrement à vous :
S'il faut faire à la cour pour vous quelque ouverture,
On sait qu'auprès du roi je fais quelque figure ;
Il m'écoute, et dans tout il en use, ma foi,
Le plus honnêtement du monde avecque moi.
Enfin, je suis à vous de toutes les manières ;
Et, comme votre esprit a de grandes lumières,
Je viens pour commencer entre nous ce beau nœud,
Vous montrer un sonnet que j'ai fait depuis peu,
Et savoir s'il est bon qu'au public je l'expose.

ALCESTE.

Monsieur, je suis mal propre à décider la chose.
Veuillez m'en dispenser.

ORONTE.

Pourquoi ?

ALCESTE.

J'ai le défaut
D'être un peu plus sincère en cela qu'il ne faut.

ORONTE.

C'est ce que je demande ; et j'aurais lieu de plainte
Si, m'exposant à vous pour me parler sans feinte,
Vous alliez me trahir, et me déguiser rien.

ALCESTE.

Puisqu'il vous plaît ainsi, monsieur, je le veux bien.

ORONTE.

Sonnet. C'est un sonnet. *L'espoir...* C'est une dame
Qui de quelque espérance avait flatté ma flamme.
L'espoir... Ce ne sont point de ces grands vers
                              [pompeux,
Mais de petits vers doux, tendres et langoureux.

ALCESTE.

Nous verrons bien.

ORONTE.

L'espoir... Je ne sais si le style
Pourra vous en paraître assez net et facile,
Et si du choix des mots vous vous contenterez.

ALCESTE.

Nous allons voir, monsieur.

ORONTE.

Au reste vous saurez

Que je n'ai demeuré qu'un quart-d'heure à le faire.

ALCESTE.

Voyons, monsieur, le temps ne fait rien à l'affaire.

ORONTE *lit.*

L'espoir, il est vrai, nous soulage,
Et nous berce un temps notre ennui :
Mais, Philis, le triste avantage,
Lorsque rien ne marche après lui !

PHILINTE.

Je suis déjà charmé de ce petit morceau.

ALCESTE, *bas, à Philinte.*

Quoi ! vous avez le front de trouver cela beau !

ORONTE.

Vous eûtes de la complaisance ;
Mais vous en deviez moins avoir,
Et ne pas vous mettre en dépense,
Pour ne me donner que l'espoir.

PHILINTE.

Ah ! qu'en termes galants ces choses-là sont mises !

ALCESTE, *bas, à Philinte.*

Hé quoi ! vil complaisant, vous louez des sottises !

ORONTE.

S'il faut qu'une attente éternelle
Pousse à bout l'ardeur de mon zèle,
Le trépas sera mon recours.
Vos soins ne m'en peuvent distraire :
Belle Philis, on désespère

Alors qu'on espère toujours.

PHILINTE.

La chute en est jolie, amoureuse, admirable.

ALCESTE, *bas, à part.*

La peste de ta chute ! empoisonneur au diable !
En eusses-tu fait une à te casser le nez.

PHILINTE.

Je n'ai jamais ouï de vers si bien tournés.

ALCESTE, *bas, à part.*

Morbleu !

ORONTE, *à Philinte.*

Vous me flattez, et vous croyez peut-être...

PHILINTE.

Non, je ne flatte point.

ALCESTE, *bas, à part.*

Hé ! que fais-tu donc, traître ?

ORONTE, *à Alceste.*

Mais, pour vous, vous savez quel est notre traité :
Parlez-moi, je vous prie, avec sincérité.

ALCESTE.

Monsieur, cette matière est toujours délicate,
Et sur le bel esprit nous aimons qu'on nous flatte.
Mais un jour à quelqu'un dont je tairai le nom,
Je disais, en voyant des vers de sa façon,
Qu'il faut qu'un galant homme ait toujours grand
[empire
Sur les démangeaisons qui nous prennent d'écrire ;

Qu'il doit tenir la bride aux grands empressements
Qu'on a de faire éclat de tels amusements ;
Et que, par la chaleur de montrer ses ouvrages,
On s'expose à jouer de mauvais personnages.

ORONTE.

Est-ce que vous voulez me déclarer par là
Que j'ai tort de vouloir...

ALCESTE.

         Je ne dis pas cela.
Mais je lui disais, moi, qu'un froid écrit assomme ;
Qu'il ne faut que ce faible à décrier un homme ;
Et qu'eût-on d'autre part cent belles qualités,
On regarde les gens par leurs méchants côtés.

ORONTE.

Est-ce qu'à mon sonnet vous trouvez à redire ?

ALCESTE.

Je ne dis pas cela. Mais, pour ne point écrire,
Je lui mettais aux yeux comme dans notre temps
Cette soif a gâté de fort honnêtes gens.

ORONTE.

Est-ce que j'écris mal ? et leur ressemblerais-je ?

ALCESTE.

Je ne dis pas cela. Mais enfin, lui disais-je,
Quel besoin si pressant avez-vous de rimer ?
Et qui diantre vous pousse à vous faire imprimer ?
Si l'on peut pardonner l'essor d'un mauvais livre,
Ce n'est qu'aux malheureux qui composent pour vivre.
Croyez-moi, résistez à vos tentations.

3

Dérobez au public ces occupations,
Et n'allez point quitter, de quoi que l'on vous somme,
Le nom que dans la cour vous avez d'honnête homme,
Pour prendre de la main d'un avide imprimeur
Celui de ridicule et misérable auteur.
C'est ce que je tâchai de lui faire comprendre.

ORONTE.

Voilà qui va fort bien, et je crois vous entendre.
Mais ne puis-je savoir ce qui dans mon sonnet...

ALCESTE.

Franchement, il est bon à mettre au cabinet.
Vous vous êtes réglé sur de méchants modèles,
Et vos expressions ne sont point naturelles.
        Qu'est-ce que nous berce un temps notre ennui ?
            Et que , rien ne marche après lui ?
            Que, ne vous pas mettre en dépense,
            Pour ne me donner que l'espoir ?
            Et que, Philis, on désespère
            Alors qu'on espère toujours ?
Ce style figuré dont on fait vanité
Sort du bon caractère et de la vérité ;
Ce n'est que jeu de mots, qu'affectation pure,
Et ce n'est point ainsi que parle la nature.
Le méchant goût du siècle en cela me fait peur :
Nos pères, tout grossiers, l'avaient beaucoup meilleur.
Et je prise bien moins tout ce que l'on admire,
Qu'une vieille chanson que je m'en vais vous dire :
        Si le roi m'avait donné
            Paris sa grand'ville,

Et qu'il me fallût quitter
   L'amour de ma mie,
Je dirais au roi Henri :
Reprenez votre Paris,
J'aime mieux ma mie, oh gay !
   J'aime mieux ma mie.

La rime n'est pas riche, et le style en est vieux :
Mais ne voyez-vous pas que cela vaut bien mieux
Que ces colifichets dont le bon sens murmure,
Et que la passion parle là toute pure :

   Si le roi m'avait donné
     Paris sa grand'ville,
   Et qu'il m'eût fallu quitter
     L'amour de ma mie,
   Je dirais au roi Henri :
   Reprenez votre Paris,
   J'aime mieux ma mie, oh gay !
     J'aime mieux ma mie.

Voilà ce que peut dire un cœur vraiment épris.
  (*à Philinte qui rit.*)
Oui, monsieur le rieur, malgré vos beaux esprits,
J'estime plus cela que la pompe fleurie
De tous ces faux brillants où chacun se récrie.

ORONTE.

Et moi, je vous soutiens que mes vers sont fort bons.

ALCESTE.

Pour les trouver ainsi vous avez vos raisons :
Mais vous trouverez bon que j'en puisse avoir d'autres
Qui se dispenseront de se soumettre aux vôtres.

ORONTE.

Il me suffit de voir que d'autres en font cas.

ALCESTE.

C'est qu'ils ont l'art de feindre ; et moi je ne l'ai pas.

ORONTE.

Croyez-vous donc avoir tant d'esprit en partage ?

ALCESTE.

Si je louais vos vers, j'en aurais davantage.

ORONTE.

Je me passerai fort que vous les approuviez.

ALCESTE.

Il faut bien, s'il vous plait, que vous vous en passiez.

ORONTE.

Je voudrais bien, pour voir, que de votre manière
Vous en composassiez sur la même matière.

ALCESTE.

J'en pourrais, par malheur, faire d'aussi méchants ;
Mais je me garderais de les montrer aux gens.

ORONTE.

Vous me parlez bien ferme ; et cette suffisance...

ALCESTE.

Autre part que chez moi, cherchez qui vous encense.

ORONTE.

Mais, mon petit monsieur, prenez-le un peu moins
[haut.

ALCESTE.

Ma foi, mon grand monsieur, je le prends comme
[il faut.

PHILINTE, *se mettant entre deux.*

Hé ! messieurs, c'en est trop, laissez cela, de grace.

ORONTE.

Ah ! j'ai tort, je l'avoue, et je quitte la place.
Je suis votre valet, monsieur, de tout mon cœur.

ALCESTE.

Et moi je suis, monsieur, votre humble serviteur.
(Oronte sort.)

PHILINTE.

Hé bien! vous le voyez : pour être trop sincère,
Vous voilà sur les bras une fâcheuse affaire ;
Et j'ai bien vu qu'Oronte, afin d'être flatté...

ALCESTE.

Ne me parlez pas.

PHILINTE.

Mais...

ALCESTE.

Plus de société.

PHILINTE.

C'est trop...

ALCESTE.

Laissez-moi là.

PHILINTE.

Si je...

ALCESTE.

Point de langage.

PHILINTE.

Mais quoi...

ALCESTE.

Je n'entends rien.

PHILINTE.

Mais...

ALCESTE.

Encore !

PHILINTE.

On outrage..

ALCESTE.

Ah ! parbleu ! c'en est trop. Ne suivez point mes pas.

PHILINTE.

Vous vous moquez de moi, je ne vous quitte pas.

LE MÉDECIN MALGRÉ LUI

Un ancien fabliau a fourni le sujet de cette comédie. Jamais pièce, uniquement faite pour exciter le rire, n'a mieux atteint son but. En laissant de côté les passages où la décence n'est pas assez respectée, nous en conservons suffisamment pour rendre une analyse inutile.

ACTE I, SCÈNE I.

SGANARELLE.

Non, je te dis que je n'en veux rien faire, et que c'est à moi de parler et d'être le maître.

MARTINE.

Et je te dis, moi, que je veux que tu vives à ma fantaisie, et que je ne me suis point mariée avec toi pour souffrir tes fredaines.

SGANARELLE.

Oh ! la grande fatigue que d'avoir une femme ! et qu'Aristote a bien raison, quand il dit qu'une femme est pire qu'un démon.

MARTINE.

Voyez un peu l'habile homme avec son benêt d'Aristote !

SGANARELLE.

Oui, habile homme. Trouve-moi un faiseur de fagots qui sache comme moi raisonner des choses, qui ait servi

six ans un fameux médecin, et qui ait su dans son jeune
âge son rudiment par cœur.

MARTINE,

Peste du fou fieffé !

SGANARELLE.

Peste de la carogne !

MARTINE.

Que maudits soient l'heure et le jour où je m'avisai d'aller
dire oui !

SGANARELLE.

Que maudit soit le bec cornu de notaire qui me fit signer
ma ruine.

MARTINE.

C'est bien à toi vraiment à te plaindre de cette affaire !
Devrais-tu être un seul moment sans rendre grace au ciel
de m'avoir pour ta femme ? et méritais-tu d'épouser une
personne comme moi ?

SGANARELLE.

Baste, laissons-là ce chapitre. Il suffit que nous savons
ce que nous savons, et que tu fus bienheureuse de me
trouver.

MARTINE.

Qu'appelles-tu bienheureuse de te trouver ? Un homme
qui me réduit à l'hôpital, un débauché, un traître, qui me
mange tout ce que j'ai !...

SGANARELLE.

Tu as menti, j'en bois une partie.

MARTINE.

Qui me vend pièce par pièce tout ce qui est dans le logis !...

SGANARELLE.

C'est vivre de ménage.

MARTINE.

Qui m'a ôté jusqu'au lit que j'avais !...

SGANARELLE.

Tu t'en lèveras plus matin.

MARTINE.

Enfin, qui ne laisse aucun meuble dans toute la maison !..

SGANARELLE.

On en déménage plus aisément.

MARTINE.

Et qui du matin jusqu'au soir, ne fait que jouer et que boire !

SGANARELLE.

C'est pour ne me point ennuyer.

MARTINE.

Et que veux-tu pendant ce temps que je fasse avec ma famille ?

SGANARELLE.

Tout ce qu'il te plaira.

MARTINE.

J'ai quatre pauvres petits enfants sur les bras...

5.

SGANARELLE.

Mets-les à terre.

MARTINE.

Qui me demandent à toute heure du pain.

SGANARELLE.

Donne-leur le fouet : quand j'ai bien bu et bien mangé, je veux que tout le monde soit soûl dans ma maison.

MARTINE.

Et tu prétends, ivrogne, que les choses aillent toujours de même ?

SGANARELLE.

Ma femme, allons tout doucement, s'il vous plaît.

MARTINE.

Que j'endure éternellement tes insolences et tes débauches ?...

SGANARELLE.

Ne nous emportons point, ma femme.

MARTINE.

Et que je ne sache pas le moyen de te ranger à ton devoir ?

SGANARELLE.

Ma femme, vous savez que je n'ai pas l'ame endurante, et que j'ai le bras assez bon.

MARTINE.

Je me moque de tes menaces.

SGANARELLE.

Ma petite femme, ma mie, votre peau vous démange, à votre ordinaire.

MARTINE.

Je te montrerai bien que je ne te crains nullement.

SGANARELLE.

Ma chère moitié, vous avez envie de me dérober quelque chose.

MARTINE.

Crois-tu que je m'épouvante de tes paroles ?

SGANARELLE.

Doux objet de mes vœux, je vous frotterai les oreilles.

MARTINE.

Ivrogne que tu es !

SGANARELLE.

Je vous battrai.

MARTINE.

Sac à vin !

SGANARELLE.

Je vous rosserai.

MARTINE.

Infâme !

SGANARELLE.

Je vous étrillerai.

MARTINE.

Traître ! insolent ! trompeur ! lâche ! coquin ! pendard ! gueux ! belître ! fripon ! maraud ! voleur !

SGANARELLE.

Ah ! vous en voulez donc ?
(*Sganarelle prend un bâton et bat sa femme.*)

MARTINE, *criant*.

Ah ! ah ! ah ! ah !

SGANARELLE.

Voilà le vrai moyen de vous apaiser.

SCÈNE II.

M. ROBERT,

Holà ! holà ! holà ! Fi ! Qu'est-ce ci ? Quelle infamie ! Peste soit le coquin, de battre ainsi sa femme !

MARTINE, *à M Robert*,

Et je veux qu'il me batte, moi.

M. ROBERT.

Ah ! j'y consens de tout mon cœur.

MARTINE.

De quoi vous mêlez-vous ?

M. ROBERT.

J'ai tort.

MARTINE.

Est-ce là votre affaire ?

M. ROBERT.

Vous avez raison.

MARTINE.

Voyez un peu cet impertinent, qui veut empêcher les maris de battre leurs femmes !

M. ROBERT.

Je me rétracte.

MARTINE.

Qu'avez-vous à voir là-dessus ?

M. ROBERT.

Rien.

MARTINE.

Est-ce à vous d'y mettre le nez ?

M. ROBERT.

Non.

MARTINE.

Mêlez-vous de vos affaires.

M. ROBERT.

Je ne dis plus mot.

MARTINE.

Il me plaît d'être battue.

M. ROBERT.

D'accord.

MARTINE.

Ce n'est pas à vos dépens.

M. ROBERT.

Il est vrai.

MARTINE.

Et vous n'êtes qu'un sot de venir vous fourrer où vous n'avez que faire.

(Elle lui donne un soufflet.)

M. ROBERT, *à Sganarelle.*

Compère, je vous demande pardon de tout mon cœur. Faites ; rossez, battez comme il faut votre femme ; je vous aiderai, si vous le voulez.

SGANARELLE.

Il ne me plaît pas, moi.

M. ROBERT.

Ah ! c'est une autre chose.

SGANARELLE.

Je la veux battre, si je le veux ; et ne la veux pas battre, si je ne le veux pas.

M. ROBERT.

Fort bien.

SGANARELLE.

C'est ma femme, et non pas la vôtre.

M. ROBERT.

Sans doute.

SGANARELLE.

Vous n'avez rien à me commander.

M. ROBERT.

D'accord.

SGANARELLE.

Je n'ai que faire de votre aide.

M. ROBERT.

Très volontiers.

SGANARELLE.

Et vous êtes un impertinent de vous ingérer des affaires d'autrui. Apprenez que Cicéron dit qu'entre l'arbre et le doigt il ne faut point mettre l'écorce.

(Il bat M. Robert, et le chasse.)

SCÈNE III.

SGANARELLE.

Oh çà ! faisons la paix nous deux. Touche là.

MARTINE.

Oui, après m'avoir ainsi battue !

SGANARELLE.

Cela n'est rien. Touche.

MARTINE.

Je ne veux pas.

SGANARELLE.

Hé !

MARTINE.

Non.

SGANARELLE.

Ma petite femme.

MARTINE.

Point.

SGANARELLE.

Allons, te dis-je.

MARTINE.

Je n'en ferai rien.

SGANARELLE.

Viens, viens, viens.

MARTINE.

Non, je veux être en colère.

SGANARELLE.

Fi ! c'est une bagatelle. Allons, allons.

MARTINE.

Laisse-moi là.

SGANARELLE.

Touche, te dis-je.

MARTINE.

Tu m'as trop maltraitée.

SGANARELLE.

Hé bien ! va, je te demande pardon, mets là ta main.

MARTINE.

Je te le pardonne ; *(bas, à part.)* mais tu me le paieras.

SGANARELLE.

Tu es une folle de prendre garde à cela : ce sont pe-
tites choses qui sont de temps en temps nécessaires dans

l'amitié ; et cinq ou six coups de bâton, entre gens qui s'aiment, ne font que ragaillardir l'affection. Va, je m'en vais au bois, et je te promets aujourd'hui plus d'un cent de fagots.

Valère et Lucas cherchent un médecin pour guérir la fille de leur maître qui est devenue muette. Marti-ne, pour se venger de son mari, les envoie à Sgana-relle.

C'est un homme extraordinaire, *dit-elle*, fantasque, bizarre, quinteux, et que vous ne prendriez jamais pour ce qu'il est. Il va vêtu d'une façon extravagante, affecte quelquefois de paraître ignorant, tient sa science renfer-mée, et ne fuit rien tant tous les jours que d'exercer les merveilleux talents qu'il a eus du ciel pour la médecine. Sa folie est plus grande qu'on ne peut croire, car elle va parfois jusqu'à vouloir être battu pour demeurer d'accord de sa capacité ; et je vous donne avis que vous n'en vien-drez pas à bout, qu'il n'avouera jamais qu'il est médecin, s'il se le met en fantaisie, que vous ne preniez chacun un bâton, et ne le réduisiez, à force de coups, à vous confesser à la fin ce qu'il vous cachera d'abord. C'est ainsi que nous en usons quand nous avons besoin de lui.

SCÈNE VI.

SGANARELLE, *chantant derrière le théâtre.*
Là, là, là.

VALÈRE.

J'entends quelqu'un qui chante et qui coupe du bois.

SGANARELLE, *entrant sur le théâtre avec une bou-teille à sa main sans apercevoir Valère ni Lucas.*

Là, là, là... Ma foi, c'est assez travailler pour boire un coup. Prenons un peu d'haleine.

(après avoir bu.)

Voilà du bois qui est salé comme tous les diables.

(Il chante.)

> Qu'ils sont doux,
> Bouteille jolie,
> Qu'ils sont doux,
> Vos petits glougoux !
> Mais mon sort ferait bien des jaloux,
> Si vous étiez toujours remplie.
> Ah ! bouteille ma mie,
> Pourquoi vous videz-vous ?

Allons, morbleu ! il ne faut point engendrer de mélan-colie.

VALÈRE, *bas à Lucas.*

Le voilà lui-même.

LUCAS, *bas à Valère.*

Je pense que vous dites vrai, et j'avons bouté le nez dessus.

VALÈRE.

Voyons de près.

SGANARELLE *embrassant sa bouteille.*

Ah ! ma petite friponne ! que je t'aime, mon petit bouchon !

(Il chante. Apercevant Valère et Lucas qui l'exami-nent, il baisse la voix.)

Mais mon sort... ferait bien... des jaloux...
Si...

(voyant qu'on l'examine de plus près.)
Que diable ! à qui en veulent ces gens-là ?

VALÈRE, *à Lucas.*

C'est lui assurément.

LUCAS, *à Valère.*

Le vlà tout craché comme on nous l'a défiguré.

(Sganarelle pose la bouteille à terre ; et Valère se baissant pour le saluer, comme il croit que c'est à dessein de la prendre, il la met de l'autre côté : Lucas faisant la même chose que Valère, Sganarelle reprend sa bouteille, et la tient contre son estomac, avec divers gestes qui font un jeu de théâtre.)

SGANARELLE, *à part.*

Ils consultent en me regardant. Quel dessein au-
raient-ils ?

VALÈRE.

Monsieur, n'est-ce pas vous qui vous appelez Sganarelle ?

SGANARELLE.

Hé quoi ?

VALÈRE.

Je vous demande si ce n'est pas vous qui se nomme
Sganarelle.

SGANARELLE, *se tournant vers Valère, puis vers Lucas.*

Oui et non, selon ce que vous lui voulez.

VALÈRE.

Nous ne voulons que lui faire toutes les civilités que nous pourrons.

SGANARELLE.

En ce cas, c'est moi qui me nomme Sganarelle.

VALÈRE.

Monsieur, nous sommes ravis de vous voir. On nous a adressés à vous pour ce que nous cherchons ; et nous venons implorer votre aide, dont nous avons besoin.

SGANARELLE.

Si c'est quelque chose, messieurs, qui dépende de mon petit négoce, je suis tout prêt à vous rendre service.

VALÈRE.

Monsieur, c'est trop de grace que vous nous faites. Mais, monsieur, couvrez-vous, s'il vous plait ; le soleil pourrait vous incommoder.

LUCAS.

Monsieu, boutez dessus.

SGANARELLE, *à part.*

Voici des gens pleins de cérémonie.

(*Il se couvre.*)

VALÈRE.

Monsieur, il ne faut pas trouver étrange que nous ve-

nions à vous ; les habiles gens sont toujours recherchés ;
et nous sommes instruits de votre capacité.

SGANARELLE.

Il est vrai que je suis le premier homme du monde pour
faire des fagots.

VALÈRE.

Ah ! monsieur...

SGANARELLE.

Je n'y épargne aucune chose, et les fais d'une façon
qu'il n'y a rien à dire.

VALÈRE.

Monsieur, ce n'est pas cela dont il est question.

SGANARELLE.

Mais aussi je les vends cent dix sous le cent.

VALÈRE.

Ne parlons point de cela, s'il vous plaît.

SGANARELLE.

Je vous promets que je ne saurais les donner à moins.

VALÈRE.

Monsieur, nous savons les choses.

SGANARELLE.

Si vous savez les choses, vous savez que je les vends
cela.

VALÈRE.

Monsieur, c'est se moquer que...

SGANARELLE.

Je ne me moque point, je n'en puis rien rabattre.

VALÈRE.

Parlons d'autre façon, de grace.

SGANARELLE.

Vous en pourrez trouver autre part à moins ; il y a fagots et fagots : mais pour ceux que je fais...

VALÈRE.

Hé ! monsieur, laissons là ce discours.

SGANARELLE.

Je vous jure que vous ne les auriez pas, s'il s'en fallait un double.

VALÈRE.

Hé ! fi !

SGANARELLE.

Non, en conscience ; vous en paierez cela. Je vous parle sincèrement, et ne suis pas homme à surfaire.

VALÈRE.

Faut-il, monsieur, qu'une personne comme vous s'amuse à ces grossières feintes, s'abaisse à parler de la sorte ! qu'un homme si savant, un fameux médecin, comme vous êtes, veuille se déguiser aux yeux du monde, et tenir enterrés les beaux talents qu'il a !

SGANARELLE, *à part.*

Il est fou.

VALÈRE.

De grace, monsieur, ne dissimulez point avec nous.

SGANARELLE.

Comment ?

LUCAS.

Tout ce tripotage ne sart de rian ; je savons c'eu que je savons.

SGANARELLE.

Quoi donc ? que me voulez-vous dire ? Pour qui me prenez-vous ?

VALÈRE.

Pour ce que vous êtes, pour un grand médecin.

SGANARELLE.

Médecin vous-même ; je ne le suis point, et je ne l'ai jamais été.

VALÈRE, *bas.*

Voilà sa folie qui le tient. *(haut.)* Monsieur, ne veuillez point nier les choses davantage ; et n'en venons point, s'il vous plaît, à de fâcheuses extrémités.

SGANARELLE.

A quoi donc ?

VALÈRE.

A de certaines choses dont nous serions marris.

SGANARELLE.

Parbleu ! venez-en à tout ce qu'il vous plaira ; je ne suis point médecin, et ne sais ce que vous me voulez dire.

VALÈRE, *bas.*

Je vois bien qu'il faut se servir du remède. *(haut.)* Monsieur, encore un coup, je vous prie d'avouer ce que vous êtes.

LUCAS.

Hé! tétigué! ne lantiponnez point davantage, et confessez à la franquette que v's êtes médecin.

SGANARELLE, *à part.*

J'enrage.

VALÈRE.

A quoi bon nier ce qu'on sait?

LUCAS.

Pourquoi toutes ces fraimes-là? A quoi est-ce que ça vous sart?

SGANARELLE.

Messieurs, en un mot autant qu'en deux mille, je vous dis que je ne suis point médecin.

VALÈRE.

Vous n'êtes pas médecin?

SGANARELLE.

Non.

LUCAS.

V'n'êtes pas médecin?

SGANARELLE.

Non, vous dis-je.

VALÈRE.

Puisque vous le voulez, il faut bien s'y résoudre.
(Ils prennent chacun un bâton et le frappent.)

SGANARELLE.

Ah ! ah ! ah ! messieurs, je suis tout] ce qu'il vous plaira.

VALÈRE.

Pourquoi, monsieur, nous obligez-vous à cette violence ?

LUCAS.

A quoi bon nous bailler la peine de vous battre ?

VALÈRE.

Je vous assure que j'en ai tous les regrets du monde.

LUCAS.

Par ma figué ! j'en suis fâché, franchement.

SGANARELLE.

Que diable est-ce ci, messieurs ? De grace, est-ce pour rire, ou si tous deux vous extravaguez, de vouloir que je sois médecin ?

VALÈRE.

Quoi ! vous ne vous rendez pas encore, et vous vous défendez d'être médecin ?

SGANARELLE.

Diable emporte si je le suis !

LUCAS.

Il n'est pas vrai que vous sayez médecin ?

4

SGANARELLE.

Non, la peste m'étouffe ! *(Ils recommencent à le battre.)* Ah ! ah ! Hé bien ! messieurs, oui, puisque vous le voulez, je suis médecin, je suis médecin ; apothicaire encore, si vous le trouvez bon. J'aime mieux consentir à tout que de me faire assommer.

VALÈRE.

Ah ! voilà qui va bien, monsieur ; je suis ravi de vous voir raisonnable.

LUCAS.

Vous me boutez la joie au cœur, quand je vous vois parler comme ça.

VALÈRE.

Je vous demande pardon de toute mon ame.

LUCAS.

Je vous demandons excuse de la libarté que j'avons prise.

SGANARELLE, *à part.*

Ouais ! serait-ce bien moi qui me tromperais, et serais-je devenu médecin sans m'en être aperçu ?

VALÈRE.

Monsieur, vous ne vous repentirez pas de nous montrer ce que vous êtes ; et vous verrez assurément que vous en serez satisfait.

SGANARELLE.

Mais, messieurs, dites-moi, ne vous trompez-vous

point vous-mêmes ? Est-il bien assuré que je sois médecin ?

LUCAS.

Oui, par ma figué !

SGANARELLE.

Tout de bon ?

VALÈRE.

Sans doute.

SGANARELLE.

Diable emporte si je le savais !

VALÈRE.

Comment ! vous êtes le plus habile médecin du monde.

SGANARELLE.

Ah ! ah !

LUCAS.

Un médecin qui a gari je ne sais combien de maladies.

SGANARELLE.

Tudieu !

VALÈRE.

Une femme était tenue pour morte il y avait six heures ; elle était prête à ensevelir, lorsqu'avec une goutte
de quelque chose vous la fîtes revenir et marcher d'abord
par la chambre.

SGANARELLE.

Peste !

LUCAS.

Un petit enfant de douze ans se laissit choir du haut
d'un clocher ; de quoi il eut la tête, les jambes et les
bras cassés : et vous, avec je ne sais quel onguent, vous
fîtes qu'aussitôt il se relevit, et s'en fut jouer à la fossette.

SGANARELLE.

Diantre !

VALÈRE.

Enfin, monsieur, vous aurez contentement avec nous,
et vous gagnerez ce que vous voudrez, en vous laissant
conduire où nous prétendons vous mener.

SGANARELLE.

Je gagnerai ce que je voudrai ?

VALÈRE.

Oui.

SGANARELLE.

Ah ! je suis médecin, sans contredit. Je l'avais oublié ; mais je m'en ressouviens. De quoi est-il question ?
Où faut-il se transporter ?

VALÈRE.

Nous vous conduirons. Il est question d'aller trouver
une fille qui a perdu la parole.

SGANARELLE.

Ma foi, je ne l'ai pas trouvée.

VALÈRE.

(bas, à Lucas.)   (à Sganarelle.)
Il aime à rire. Allons, monsieur.

SGANARELLE.

Sans une robe de médecin ?

VALÈRE.

Nous en prendrons une.

SGANARELLE, *présentant sa bouteille à Valère.*

Tenez cela, vous : voilà où je mets mes juleps.
(*puis se tournant vers Lucas en crachant.*)
Vous, marchez là-dessus, par ordonnance du médecin.

LUCAS.

Palsanguenne ! vlà un médecin qui me plaît : je pense
qu'il réussira, car il est bouffon.

*On amène Sganarelle à Géronte, dont la fille Lu-
cinde feint d'être muette, pour se délivrer d'un mariage dont elle était importunée.*

ACTE II, SCÈNE III.

VALÈRE.

Monsieur, préparez-vous. Voici votre médecin qui
entre.

GÉRONTE, *à Sganarelle.*

Monsieur, je suis ravi de vous voir chez moi, et nous
avons grand besoin de vous.

SGANARELLE, *en robe de médecin avec un chapeau
des plus pointus.*

Hippocrate dit... que nous nous couvrions tous deux.

4.

GÉRONTE.

Hippocrate dit cela ?

SGANARELLE.

Oui.

GÉRONTE.

Dans quel chapitre, s'il vous plaît ?

SGANARELLE.

Dans son chapitre... des chapeaux.

GÉRONTE.

Puisqu'Hippocrate le dit, il le faut faire.

SGANARELLE.

Monsieur le médecin, ayant appris les merveilleuses choses...

GÉRONTE.

A qui parlez-vous, de grace ?

SGANARELLE.

A vous.

GÉRONTE.

Je ne suis pas médecin.

SGANARELLE.

Vous n'êtes pas médecin ?

GÉRONTE.

Non, vraiment.

SGANARELLE.

Tout de bon ?

GÉRONTE.

Tout de bon.

(Sganarelle prend un bâton, et frappe Géronte.)

Ah ! ah ! ah !

SGANARELLE.

Vous êtes médecin, maintenant, je n'ai jamais eu d'autres licences.

GÉRONTE, *à Valère.*

Quel diable d'homme m'avez-vous là amené ?

VALÈRE.

Je vous ai bien dit que c'était un médecin goguenard.

GÉRONTE.

Oui : mais je l'enverrai promener avec ses goguenarderies.

LUCAS.

Ne prenez pas garde à ça, monsieur, ce n'est que pour rire.

GÉRONTE.

Cette raillerie ne me plaît pas.

SGANARELLE.

Monsieur, je vous demande pardon de la liberté que j'ai prise.

GÉRONTE.

Monsieur, je suis votre serviteur.

SGANARELLE.

Je suis fâché.

GÉRONTE.

Cela n'est rien.

SGANARELLE.

Des coups de bâton...

GÉRONTE.

Il n'y a pas de mal.

SGANARELLE.

Que j'ai eu l'honneur de vous donner.

GÉRONTE.

Ne parlons plus de cela. Monsieur, j'ai une fille qui est tombée dans une étrange maladie.

SGANARELLE.

Je suis ravi, monsieur, que votre fille ait besoin de moi ; et je souhaiterais de tout mon cœur que vous en eussiez besoin aussi, vous et toute votre famille, pour vous témoigner l'envie que j'ai de vous servir.

GÉRONTE.

Je vous suis obligé de ces sentiments.

SGANARELLE.

Je vous assure que c'est du meilleur de mon ame que je vous parle.

GÉRONTE.

C'est trop d'honneur que vous me faites.

SGANARELLE.

Comment s'appelle votre fille ?

GÉRONTE.

Lucinde.

SGANARELLE.

Lucinde ! ah ! beau nom à médicamenter ! Lucinde !

GÉRONTE.

Je m'en vais voir un peu ce qu'elle fait.

SCÈNE VI.

SGANARELLE.

Est-ce là la malade ?

GÉRONTE.

Oui. Je n'ai qu'elle de fille ; et j'aurais tous les regrets du monde, si elle venait à mourir.

SGANARELLE.

Qu'elle s'en garde bien ! Il ne faut pas qu'elle meure sans l'ordonnance du médecin.

GÉRONTE.

Allons, un siége.

SGANARELLE, *assis entre Géronte et Lucinde*.

Voilà une malade qui n'est pas dégoûtante.

GÉRONTE.

Vous l'avez fait rire, monsieur.

SGANARELLE.

Tant mieux : lorsque le médecin fait rire le malade, c'est le meilleur signe de monde. *(à Lucinde.)* Hé bien ! de quoi est-il question ? Qu'avez-vous ? Quel est le mal que vous sentez ?

LUCINDE, *portant sa main à sa bouche, à sa tête, et sous son menton.*

Han, hi, hon, han.

SGANARELLE.

Hé ! que dites-vous ?

LUCINDE, *continue les mêmes gestes.*

Han, hi, hon, han, han, hi, hon.

SGANARELLE.

Quoi ?

LUCINDE.

Han, hi, hon.

SGANARELLE.

Han, hi, hon, han, ha. Je ne vous entends point. Quel diable de langage est-ce là ?

GÉRONTE.

Monsieur, c'est là sa maladie. Elle est devenue muette, sans que jusqu'ici on en ait pu savoir la cause ; et c'est un accident qui a fait reculer son mariage.

SGANARELLE.

Et pourquoi ?

GÉRONTE.

Celui qu'elle doit épouser veut attendre sa guérison pour conclure les choses.

SGANARELLE.

Et qui est ce sot-là qui ne veut pas que sa femme soit muette ? Plût à Dieu que la mienne eût cette maladie ! je me garderais bien de la vouloir guérir.

GÉRONTE.

Enfin, monsieur, nous vous prions d'employer tous vos soins pour la soulager de son mal.

'SGANARELLE.

Ah ! ne vous mettez pas en peine. Dites-moi un peu : ce mal l'oppresse-t-il beaucoup ?

GÉRONTE.

Oui, monsieur.

SGANARELLE.

Tant mieux. Sent-elle de grandes douleurs ?

GÉRONTE.

Fort grandes.

SGANARELLE.

C'est fort bien fait. Va-t-elle où vous savez ?

GÉRONTE.

Oui.

SGANARELLE.

Copieusement ?

GÉRONTE.

Je n'entends rien à cela.

SGANARELLE.

La matière est-elle louable ?

GÉRONTE.

Je ne me connais pas à ces choses.

SGANARELLE, *à Lucinde.*

Donnez-moi votre bras. *(à Géronte.)* Voilà un pouls qui marque que votre fille est muette.

GÉRONTE.

Hé ! oui, monsieur, c'est là son mal ; vous l'avez
trouvé tout du premier coup.

SGANARELLE.

Ha ! ha !

JACQUELINE.

Voyez comme il a deviné sa maladie !

SGANARELLE.

Nous autres grands médecins, nous connaissons d'a-
bord les choses. Un ignorant aurait été embarrassé ; et
vous eût été dire : C'est ceci, c'est cela ; mais moi, je
touche au but du premier coup, et je vous apprends que
votre fille est muette.

GÉRONTE.

Oui : mais je voudrais bien que vous me pussiez dire
d'où cela vient.

SGANARELLE.

Il n'est rien de plus aisé ; cela vient de ce qu'elle a
perdu la parole.

GÉRONTE.

Fort bien. Mais la cause, s'il vous plaît, qui fait qu'elle
a perdu la parole ?

SGANARELLE.

Tous nos meilleurs auteurs vous diront que c'est l'empêchement de l'action de sa langue.

GÉRONTE.

Mais encore, vos sentiments sur cet empêchement de
l'action de sa langue.

SGANARELLE.

Aristote, là-dessus, dit de fort belles choses.

GÉRONTE.

Je le crois.

SGANARELLE.

Ah ! c'était un grand homme.

GÉRONTE.

Sans doute.

SGANARELLE.

Grand homme tout-à-fait ; un homme qui était *(levant le bras depuis le coude)* plus grand que moi de tout cela. Pour revenir donc à notre raisonnement, je tiens que cet empêchement de l'action de sa langue est causé par de certaines humeurs, qu'entre nous autres savants nous appelons humeurs peccantes ; peccantes, c'est-à-dire... humeurspeccantes ; d'autant plus que les vapeurs formées par les exhalaisons des influences qui s'élèvent dans la région des maladies, venant... pour ainsi dire... à... Entendez-vous le latin ?

GÉRONTE.

En aucune façon.

SGANARELLE, *se levant brusquement.*

Vous n'entendez point le latin ?

GÉRONTE.

Non.

SGANARELLE, *avec enthousiasme.*

Cabricias arci thuram, catalamus, singulariter,

5

nominativo, hæc musa, la muse, *bonus, bona, bonum, Deus sanctus, estne oratio latinas? etiam,* oui. *Quare?* pourquoi ? *Quia substantivo, et adjectivum, concordat in generi, numerum et casus.*

GÉRONTE.

Ah ! que n'ai-je étudié !

JACQUELINE.

L'habile homme que vlà !

LUCAS.

Oui, ça est si biau que je n'y entends goutte.

SGANARELLE.

Or, ces vapeurs dont je vous parle venant à passer, du côté gauche où est le foie, au côté droit où est le cœur, il se trouve que le poumon, que nous appelons en latin *armyan,* ayant communication avec le cerveau, que nous nommons en grec *nasmus,* par le moyen de la veine cave, que nous appelons en hébreu *cubile,* rencontre en son chemin lesdites vapeurs qui remplissent les ventricules de l'omoplate ; et parce que lesdites vapeurs... comprenez bien ce raisonnement, je vous prie... et parce que lesdites vapeurs ont une certaine malignité... écoutez bien ceci, je vous en conjure....

GÉRONTE.

Oui.

SGANARELLE.

ont une certaine malignité qui est causée... soyez attentif, s'il vous plaît...

GÉRONTE.

Je le suis.

SGANARELLE.

qui est causée par l'acreté des humeurs engendrées dans
la concavité du diaphragme, il arrive que ces vapeurs...
*Ossabundus, nequeis, nequer, poterinum, quipsa
milus.* Voilà justement ce qui fait que votre fille est
muette.

JACQUELINE.

Ah ! que ça est bian dit, notre homme !

LUCAS.

Que n'ai-je la langue aussi bian pendue !

GÉRONTE.

On ne peut pas mieux raisonner, sans doute. Il n'y
a qu'une seule chose qui m'a choqué : c'est l'endroit du
foie et du cœur. Il me semble que vous les placez autre-
ment qu'ils ne sont ; que le cœur est du côté gauche, et
le foie du côté droit.

SGANARELLE.

Oui ; cela était autrefois ainsi : mais nous avons changé
tout cela, et nous faisons maintenant la médecine d'une
méthode toute nouvelle.

GÉRONTE.

C'est ce que je ne savais pas, et je vous demande pardon de mon ignorance.

SGANARELLE.

Il n'y a pas de mal ; et vous n'êtes pas obligé d'être
aussi habile que nous.

GÉRONTE.

Assurément. Mais, monsieur, que croyez-vous qu'il faille faire à cette maladie ?

SGANARELLE,

Ce que je crois qu'il faille faire ?

GÉRONTE.

Oui.

SGANARELLE.

Mon avis est qu'on la remette sur son lit, et qu'on lui fasse prendre pour remède quantité de pain trempé dans du vin.

GÉRONTE.

Pourquoi cela, monsieur ?

SGANARELLE.

Parce qu'il y a dans le vin et le pain, mêlés ensemble, une vertu sympathique qui fait parler. Ne voyez-vous pas bien qu'on ne donne autre chose aux perroquets, et qu'ils apprennent à parler en mangeant de cela ?

GÉRONTE.

Cela est vrai. Ah ! le grand homme ! Vite, quantité de pain et de vin.

SGANARELLE.

Je reviendrai voir sur le soir en quel état elle sera.

SCÈNE VIII.

SGANARELLE.

Je vous donne le bon jour.

GÉRONTE.

Attendez un peu, s'il vous plaît.

SGANARELLE.

Que voulez-vous faire ?

GÉRONTE.

Vous donner de l'argent, monsieur.

SGANARELLE, *tendant sa main par derrière, tandis que Géronte ouvre sa bourse.*

Je n'en prendrai pas, monsieur.

GÉRONTE.

Monsieur...

SGANARELLE.

Point du tout.

GÉRONTE.

Un petit moment.

SGANARELLE.

En aucune façon.

GÉRONTE.

De grace !

SGANARELLE.

Vous vous moquez.

GÉRONTE.

Voilà qui est fait.

SGANARELLE.

Je n'en ferai rien.

GÉRONTE.

Hé !

SGANARELLE.

Ce n'est pas l'argent qui me fait agir.

GÉRONTE.

Je le crois.

SGANARELLE, *après avoir pris l'argent.*

Cela est-il de poids ?

GÉRONTE.

Oui, monsieur.

SGANARELLE.

Je ne suis pas un médecin mercenaire.

GÉRONTE.

Je le sais bien.

SGANARELLE.

L'intérêt ne me gouverne point.

GÉRONTE.

Je n'ai pas cette pensée.

SGANARELLE, *seul, regardant l'argent qu'il a reçu.*

Ma foi, cela ne va pas mal ; et pourvu que...

Léandre, qui désire épouser Lucinde, obtient de Sganarelle d'être présenté par lui comme apothicaire.

ACTE III, SCÈNE I.

LÉANDRE.

Tout ce que je souhaiterais serait de savoir cinq ou six

grands mots de médecine pour parer mon discours et me donner l'air d'habile homme.

SGANARELLE.

Allez, allez, tout cela n'est pas nécessaire ; il suffit de l'habit : et je n'en sais pas plus que vous.

LÉANDRE.

Comment !

SGANARELLE.

Diable emporte, si j'entends rien en médecine ! Vous êtes honnête homme, et je veux bien me confier à vous comme vous vous confiez à moi.

LÉANDRE.

Quoi ! vous n'êtes pas effectivement...

SGANARELLE.

Non, vous dis-je ; ils m'ont fait médecin malgré mes dents. Je ne m'étais jamais mêlé d'être aussi savant que cela ; et toutes mes études n'ont été que jusqu'en sixième. Je ne sais pas sur quoi cette imagination leur est venue ; mais quand j'ai vu qu'à toute force, ils voulaient que je fusse médecin, je me suis résolu de l'être aux dépens de qui il appartiendra. Cependant, vous ne sauriez croire comment l'erreur s'est répandue, et de quelle façon chacun est endiable à me croire habile homme. On me vient chercher de tous côtés : et si les choses vont toujours de même, je suis d'avis de m'en tenir toute ma vie à la médecine. Je trouve que c'est le métier le meilleur de tous ; car, soit qu'on fasse bien, ou soit qu'on fasse mal, on est toujours payé de même sorte. La méchante besogne ne retombe jamais sur notre dos ; et nous taillons comme il nous plaît sur l'étoffe où nous travaillons. Un cordonnier en faisant des souliers ne saurait gâter un morceau de cuir qu'il n'en paye les pots cassés , mais ici l'on peut gâter un homme sans qu'il en coûte rien. Les bévues ne sont point pour nous, et c'est toujours la faute de celui qui meurt. Enfin, le bon de cette profession est qu'il y a parmi les morts une honnêteté, une discrétion la plus grande du monde ; et jamais on n'en voit se plaindre du médecin qui l'a tué.

LÉANDRE.

Il est vrai que les morts sont fort honnêtes gens sur cette matière.

Léandre obtient la main de Lucinde, à qui la parole est revenue. A la fin Sganarelle dit à Martine :

Je te pardonne ces coups de bâton en faveur de la dignité où tu m'as élevé : mais prépare-toi désormais à vivre dans un grand respect avec un homme de ma conséquence ; et songe que la colère d'un médecin est plus à craindre qu'on ne peut croire.

AMPHITRYON

La Fable a fourni le sujet de cette pièce. Nous ne pouvons en donner que les scènes suivantes, qui sont du meilleur comique.

ACTE I, SCÈNE I.

SOSIE.

Qui va là ? Hé ! ma peur à chaque pas s'accroît !
    Messieurs, ami de tout le monde.
    Ah ! quelle audace sans seconde
    De marcher à l'heure qu'il est !
    Que mon maître, couvert de gloire,
    Me joue ici un vilain tour !
Quoi ! si pour son prochain il avait quelque amour,
M'aurait-il fait partir par une nuit si noire ?
Et, pour me renvoyer annoncer son retour
    Et le détail de sa victoire,
Ne pouvait-il pas bien attendre qu'il fût jour ?
    Sosie, à quelle servitude
    Tes jours sont-ils assujettis !
    Notre sort est beaucoup plus rude
    Chez les grands que chez les petits.
Ils veulent que pour eux tout soit, dans la nature,
    Obligé de s'immoler.
Jour et nuit, grêle, vent, péril, chaleur, froidure,
    Dès qu'ils parlent, il faut voler.
    Vingt ans d'assidu service

        5.

N'en obtiennent rien pour nous :
Le moindre petit caprice
Nous attire leur courroux.
Cependant notre âme insensée
S'acharne au vain honneur de demeurer près d'eux,
Et s'y veut contenter de la fausse pensée
Qu'ont tous les autres gens que nous sommes heureux.
Vers la retraite en vain la raison nous appelle,
En vain notre dépit quelquefois y consent ;
Leur vue a sur notre zèle
Un ascendant trop puissant,
Et la moindre faveur d'un coup-d'œil caressant
Nous rengage de plus belle.
Mais enfin dans l'obscurité,
Je vois notre maison, et ma frayeur s'évade.
Il me faudrait, pour l'ambassade,
Quelque discours prémédité.
Je dois aux yeux d'Alcmène un portrait militaire
Du grand combat qui met nos ennemis à bas ;
Mais comment diantre le faire,
Si je ne m'y trouvai pas ?
N'importe, parlons-en et d'estoc et de taille,
Comme oculaire témoin.
Combien de gens font-ils des récits de bataille
Dont ils se sont tenus loin !
Pour jouer mon rôle sans peine,
Je le veux un peu repasser.
Voici la chambre où j'entre en courrier que l'on mène ;
Et cette lanterne est Alcmène,
A qui je dois m'adresser.
(Sosie pose sa lanterne à terre.)

Madame, Amphitryon, mon maître et votre époux...
(Bon ! beau début !) l'esprit toujours plein de vos
                         [charmes,
    M'a voulu choisir entre tous
Pour vous donner avis du succès de ses armes,
Et du désir qu'il a de se voir près de vous.
    « Ah ! vraiment, mon pauvre Sosie,
   « A te revoir j'ai de la joie au cœur. »
    Madame, ce m'est trop d'honneur,
    Et mon destin doit faire envie.
(Bien répondu !) « Comment se porte Amphitryon ? »
    Madame, en homme de courage,
Dans les occasions où la gloire l'engage.
    (Fort bien ! belle conception !)
   « Quand viendra-t-il par son retour charmant,
    « Rendre mon âme satisfaite ? »
Le plus tôt qu'il pourra, madame, assurément,
    Mais bien plus tard que son cœur ne souhaite.
(Ah !) « Mais quel est l'état où la guerre l'a mis ?
« Que dit-il ? que fait-il ? Contente un peu mon âme. »
    Il dit moins qu'il ne fait, madame,
    Et fait trembler les ennemis.
(Peste ! où prend mon esprit toutes ces gentillesses ?)
« Que font les révoltés ? dis-moi quel est leur sort ? »
Ils n'ont pu résister, madame, à notre effort ;
    Nous les avons taillés en pièces,
    Mis Ptérélas leur chef à mort,
Pris Télèbe d'assaut, et déjà dans le port
    Tout retentit de nos prouesses.

« Ah ! quel succès ! ô dieux ! Qui l'eût jamais pu
                                        [croire !
« Raconte-moi, Sosie, un tel événement. »
Je le veux bien, madame, et sans m'enfler de gloire,
          Du détail de cette victoire
          Je puis parler très savamment.
          Figurez-vous donc que Télèbe,
          Madame, est de ce côté ;
(Sosie marque les lieux sur sa main.)
          C'est une ville, en vérité,
          Aussi grande quasi que Thèbe.
          La rivière est comme là.
          Ici nos gens se campèrent ;
          Et l'espace que voilà,
          Nos ennemis l'occupèrent.
          Sur un haut, vers cet endroit,
          Était leur infanterie ;
          Et plus bas, du côté droit,
          Était la cavalerie.
Après avoir aux Dieux adressé les prières,
Tous les ordres donnés, on donne le signal :
Les ennemis, pensant nous tailler des croupières,
Firent trois pelotons de leurs gens à cheval ;
Mais leur chaleur par nous fut bientôt réprimée,
          Et vous allez voir comme quoi.
Voilà notre avant-garde à bien faire animée ;
          Là, les archers de Créon, notre roi ;
          Et voici le corps d'armée,
                    (On fait un peu de bruit.)
Qui d'abord... Attendez, le corps d'armée a peur ;
          J'entends quelque bruit, ce me semble.

SCÈNE II.

MERCURE, *sous la figure de Sosie, sortant de la maison d'Amphitrion.*

Sous ce minois qui lui ressemble
Chassons de ces lieux ce causeur.

SOSIE, *sans voir Mercure.*

Mon cœur tant soit peu se rassure,
Et je pense que ce n'est rien.
Crainte pourtant de sinistre aventure,
Allons chez nous achever l'entretien.

MERCURE, *à part.*

Tu seras plus fort que Mercure,
Ou je t'en empêcherai bien.

SOSIE, *sans voir Mercure.*

Cette nuit en longueur me semble sans pareille,
Il faut, depuis le temps que je suis en chemin,
Ou que mon maître ait pris le soir pour le matin,
Ou que trop tard au lit le blond Phébus sommeille ;
Pour avoir trop pris de son vin.

MERCURE, *à part.*

Comme avec irrévérence
Parle des dieux ce maraud !
Mon bras saura bien tantôt
Châtier cette insolence ;
Et je vais m'égayer aujourd'hui comme il faut,
En lui volant son nom avec sa ressemblance.

SOIE, *apercevant Mercure d'un peu loin.*

Ah ! par ma foi, j'avais raison :
C'est fait de moi, chétive créature !
Je vois devant notre maison
Certain homme dont l'encolure
Ne me présage rien de bon.
Pour faire semblant d'assurance,
Je veux chanter un peu d'ici.

(Il chante.)

MERCURE.

Qui donc est ce coquin qui prend tant de licence
Qu de chanter et m'étourdir ainsi ?
*(A mesure que Mercure parle, la voix de Sosie
s'affaiblit peu à peu.)*
Veut-il qu'à l'étriller ma main un peu s'applique ?

SOSIE, *à part.*

Cet homme assurément n'aime pas la musique.

MERCURE.

Depuis plus d'une semaine
Je n'ai trouvé personne à qui rompre les os ;
La vigueur de mon bras se perd dans le repos ;
Et je cherche quelque dos
Pour me remettre en haleine.

SOSIE, *à part.*

Quel diable d'homme est-ce ci !
De mortelles frayeurs je sens mon ame atteinte.
Mais pourquoi trembler tant aussi ?
Peut-être a-t-il dans l'ame autant que moi de crainte,
Et que le drôle parle ainsi

Pour me cacher sa peur sous une audace feinte.
Oui, oui, ne souffrons pas qu'on nous croie un
                              [oison :
Si je ne suis hardi, tâchons de le paraître.
      Faisons-nous du cœur par raison :
Il est seul, comme moi ; je suis fort ; j'ai bon maître :
      Et voilà notre maison.

MERCURE.

Qui va là ?

SOSIE.

   Moi.

MERCURE.

  Qui moi ?

SOSIE.

(à part.)
 Moi. Courage, Sosie !

MERCURE.

Quel est ton sort ? dis-moi.

SOSIE.

   D'être homme et de parler.

MERCURE.

Es-tu maître, ou valet ?

SOSIE.

   Comme il me prend envie.

MERCURE.

Où s'adressent tes pas ?

SOSIE.

Où j'ai dessein d'aller.

MERCURE.

Ah ! ceci me déplaît.

SOSIE.

J'en ai l'âme ravie.

MERCURE.

Résolument, par force ou par amour,
Je veux savoir de toi, traître,
Ce que tu fais, d'où tu viens avant jour,
Où tu vas, à qui tu peux être.

SOSIE.

Je fais le bien et le mal tour à tour ;
Je viens de là, vais là ; j'appartiens à mon maître.

MERCURE.

Tu montres de l'esprit, et je te vois en train
De trancher avec moi de l'homme d'importance.
Il me prend un désir, pour faire connaissance,
De te donner un soufflet de ma main.

SOSIE.

A moi-même ?

MERCURE.

A toi-même, et t'en voilà certain.
(Mercure donne un soufflet à Sosie.)

SOSIE.

Ah ! ah ! c'est tout de bon.

MERCURE.

Non, ce n'est que pour rire,
Et répondre à tes quolibets.

SOSIE.

Tudieu ! l'ami, sans vous rien dire,
Comme vous baillez des soufflets !

MERCURE.

Ce sont là de mes moindres coups,
De petits soufflets ordinaires.

SOSIE.

Si j'étais aussi prompt que vous,
Nous ferions de belles affaires.

MERCURE.

Nous verrons bien autre chose ;
Tout cela n'est encor rien.
Pour y faire quelque pause,
Poursuivons notre entretien.

SOSIE.

Je quitte la partie.

(Sosie veut s'en aller.)

MERCURE, *arrêtant Sosie.*

Où vas-tu ?

SOSIE.

Que t'importe ?

MERCURE.

Je veux savoir où tu vas.

SOSIE.

Me faire ouvrir cette porte.
Pourquoi retiens-tu mes pas ?

MERCURE.

Si jusqu'à l'approcher tu pousses ton audace,
Je fais sur toi pleuvoir un orage de coups.

SOSIE.

Quoi ! tu veux par ta menace,
M'empêcher d'entrer chez nous ?

MERCURE.

Comment ! chez nous ?

SOSIE.

Oui, chez nous.

MERCURE.

O le traître !

Tu te dis de cette maison ?

SOSIE.

Fort bien. Amphitryon n'en est-il pas le maître ?

MERCURE.

Hé bien ! que fait cette raison ?

SOSIE.

Je suis son valet.

MERCURE.

Toi ?

SOSIE.

Moi.

MERCURE.

Son valet ?

SOSIE.

Sans doute,

MERCURE.

Valet d'Amphytrion ?

SOSIE.

D'Amphytrion, de lui,

MERCURE.

Ton nom est ?...

SOSIE.

Sosie.

MERCURE.

Hé ! comment ?

SOSIE.

Sosie.

MERCURE.

Écoute.

Sais-tu que de ma main je t'assomme aujourd'hui ?

SOSIE.

Pourquoi ? De quelle rage est ton âme saisie ?

MERCURE.

Qui te donne, dis-moi, cette témérité
De prendre le nom de Sosie ?

SOSIE,

Moi, je ne le prends point, je l'ai toujours porté,

MERCURE.

O le mensonge horrible, et l'impudence extrême !
Tu m'oses soutenir que Sosie est ton nom ?

SOSIE.

Fort bien, je le soutiens ; par la grande raison
Qu'ainsi l'a fait des dieux la puissance suprême ;
Et qu'il n'est pas en moi de pouvoir dire non,
     Et d'être un autre que moi-même.

MERCURE.

Mille coups de bâton doivent être le prix
     D'une pareille effronterie.

SOSIE, *battu par Mercure.*

Justice, citoyens ! Au secours, je vous prie !

MERCURE.

Comment ! bourreau, tu fais des cris !

SOSIE.

     De mille coups tu me meurtris,
     Et tu ne veux pas que je crie ?

MERCURE.

C'est ainsi que mon bras...

SOSIE.

          L'action ne vaut rien.
    Tu triomphes de l'avantage
Que te donne sur moi mon manque de courage ;
     Et ce n'est pas en user bien.
     C'est pure fanfaronnerie
De vouloir profiter de la poltronnerie
     De ceux qu'attaque notre bras.

Battre un homme à jeu sûr n'est pas d'une belle ame ;
    Et le cœur est digne de blâme
    Contre les gens qui n'en ont pas.

MERCURE.

Hé bien ! es-tu Sosie à présent ? qu'en dis-tu ?

SOSIE.

Tes coups n'ont point en moi fait de métamorphose ;
Et tout le changement que je trouve à la chose,
    C'est d'être Sosie battu.

MERCURE, *menaçant Sosie.*

Encor ! Cent autres coups pour cette autre impu-
                        [dence.

SOSIE.

De grace, fais trève à tes coups.

MERCURE.

Fais donc trève à ton insolence.

SOSIE.

Tout ce qu'il te plaira ; je garde le silence.
La dispute est par trop inégale entre nous.

MERCURE.

Es-tu Sosie encor ? dis, traître !

SOSIE.

Hélas ! je suis ce que tu veux :
Dispose de mon sort tout au gré de tes vœux ;
    Ton bras t'en a fait le maître.

MERCURE.

Ton nom était Sosie, à ce que tu disais ?

SOSIE.

Il est vrai, jusqu'ici j'ai cru la chose claire ;
Mais ton bâton sur cette affaire
M'a fait voir que je m'abusais.

MERCURE.

C'est moi qui suis Sosie, et tout Thèbes l'avoue :
Amphitryon jamais n'en eut d'autre que moi.

SOSIE.

Toi, Sosie ?

MERCURE.

Oui, Sosie ; et si quelqu'un s'y joue,
Il peut bien prendre garde à soi.

SOSIE, *à part.*

Ciel ! me faut-il ainsi renoncer à moi-même,
Et par un imposteur me voir voler mon nom ?
Que son bonheur est extrême
De ce que je suis poltron !
Sans cela, par la mort...

MERCURE.

Entre tes dents, je pense.
Tu murmures je ne sais quoi.

SOSIE.

Non. Mais, au nom des dieux, donne-moi la licence
De parler un moment à toi.

MERCURE.

Parle.

SOSIE.

Mais promets-moi, de grace,

Que les coups n'en seront point.
Signons une trève.

MERCURE.

Passe :
Va, je t'accorde ce point.

SOSIE.

Qui te jette, dis-moi, dans cette fantaisie ?
Que te reviendra-t-il de m'enlever mon nom ?
Et peux-tu faire enfin, quand tu serais démon,
Que je ne sois pas moi, que je ne sois Sosie ?

MERCURE, *levant le bâton sur Sosie.*

Comment ! tu peux... ?

SOSIE.

Ah ! tout doux :
Nous avons fait trève aux coups.

MERCURE.

Quoi ! pendard, imposteur, coquin...

SOSIE.

Pour des injures,
Dis-m'en tant que tu voudras ;
Ce sont légères blessures,
Et je ne m'en fâche pas.

MERCURE.

Tu te dis Sosie ?

SOSIE.

Oui. Quelque conte frivole...

MERCURE.

Sus, je romps notre trève, et reprends ma parole.

SOSIE.

N'importe. Je ne puis m'anéantir pour toi,
Et souffrir un discours si loin de l'apparence.
Être ce que je suis est-il en ta puissance ?
        Et puis-je cesser d'être moi ?
S'avisa-t-on jamais d'une chose pareille ?
Et peut-on démentir ces indices pressants ?
        Rêvé-je ? Est-ce que je sommeille ?
Ai-je l'esprit troublé par des transports puissants ?
        Ne sens-je pas bien que je veille ?
        Ne suis-je pas dans mon bon sens ?
Mon maître Amphitryon ne m'a-t-il pas commis
A venir en ces lieux vers Alcmène sa femme ?
Ne lui dois-je pas faire, en lui vantant sa flamme,
Un récit de ses faits contre nos ennemis ?
Ne suis-je pas du port arrivé tout-à-l'heure ?
        Ne tiens-je pas une lanterne en main ?
Ne te trouvé-je pas devant notre demeure ?
Ne t'y parlé-je pas d'un esprit tout humain ?
Ne te tiens-tu pas fort de ma poltronnerie ?
        Pour m'empêcher d'entrer chez nous,
N'as-tu pas sur mon dos exercé ta furie ?
        Ne m'as-tu pas roué de coups ?
        Ah ! tout cela n'est que trop véritable ;
        Et, plût au ciel, le fût-il moins !
Cesse donc d'insulter au sort d'un misérable ;
Et laisse à mon devoir s'acquitter de ses soins.

MERCURE.

Arrête, ou sur ton dos le moindre pas attire
Un assommant éclat de mon juste courroux.
    Tout ce que tu viens de dire
    Est à moi, hormis les coups.

SOSIE.

Ce matin du vaisseau, plein de frayeur en l'ame
Cette lanterne sait comme je suis parti.
Amphitryon, du camp, vers Alcmène sa femme
M'a-t-il pas envoyé ?

MERCURE.

      Vous en avez menti.
C'est moi qu'Amphitryon députe vers Alcmène,
Et qui du port persique arrive de ce pas ;
Moi qui viens annoncer la valeur de son bras
Qui nous fait remporter une victoire pleine,
Et de nos ennemis a mis le chef à bas.
C'est moi qui suis Sosie enfin, de certitude,
    Fils de Dave honnête berger,
Frère d'Arpage mort en pays étranger,
    Mari de Cléanthis la prude
    Dont l'humeur me fait enrager,
Qui dans Thèbe ai reçu mille coups d'étrivière
    Sans en avoir jamais dit rien.
Et jadis en public fus marqué par derrière
    Pour être trop homme de bien.

SOSIE, bas, à part.

Il a raison. A moins d'être Sosie,
On ne peut pas savoir tout ce qu'il dit ;

6

Et, dans l'étonnement dont mon ame est saisie,
Je commence, à mon tour, à le croire un petit.
En effet, maintenant que je le considère,
Je vois qu'il a de moi taille, mine, action.
   Faisons-lui quelque question,
    Afin d'éclaircir ce mystère.
(haut.) Parmi tout le butin fait sur nos ennemis,
Qu'est-ce qu'Amphitryon obtint pour son partage ?

MERCURE.

Cinq fort gros diamants en nœuds proprement mis,
Dont leur chef se parait comme d'un rare ouvrage.

SOSIE.

A qui destine-t-il un si riche présent ?

MERCURE.

A sa femme ; et sur elle il le veut voir paraître.

SOSIE.

Mais où, pour l'apporter est-il mis à présent ?

MERCURE.

Dans un coffret scellé des armes de mon maître.

SOSIE, *à part.*

Il ne ment pas d'un mot à chaque repartie ;
Et de moi je commence à douter tout de bon.
Près de moi par la force il est déjà Sosie ;
Il pourrait bien encor l'être par la raison.
Pourtant, quand je me tâte, et que je me rappelle,
   Il me semble que je suis moi.
Où puis-je rencontrer quelque clarté fidèle
   Pour démêler ce que je voi ?
Ce que j'ai fait tout seul, et que n'a vu personne,
A moins d'être moi-même, on ne le peut savoir.

Par cette question il faut que je l'étonne ;
C'est de quoi le confondre ; et nous allons le voir.
   (haut.)
Lorsqu'on était aux mains, que fis-tu dans nos tentes,
   Où tu courus seul te fourrer ?

         MERCURE.

D'un jambon...

       SOSIE, *bas à part.*

    L'y voilà !

         MERCURE.

           Que j'allai déterrer
Je coupai bravement deux tranches succulentes,
   Dont je sus fort bien me bourrer.
Et joignant à cela d'un vin que l'on ménage,
Et dont, avant le goût, les yeux se contentaient,
   Je pris un peu de courage
   Pour nos gens qui se battaient.

       SOSIE, *bas à part.*

   Cette preuve sans pareille
   En sa faveur conclut bien ;
   Et l'on n'y peut dire rien,
   S'il n'était dans la bouteille.
  (haut.)
Je ne saurais nier aux preuves qu'on m'expose,
Que tu ne sois Sosie, et j'y donne ma voix.
Mais si tu l'es, dis-moi qui tu veux que je sois :
Car encor faut-il bien que je sois quelque chose.

         MERCURE.

   Quand je ne serai plus Sosie,
   Sois-le, j'en demeure d'accord :

Mais tant que je le suis, je te garantis mort,
   Si tu prends cette fantaisie.

SOSIE.

Tout cet embarras met mon esprit sur les dents,
   Et la raison à ce qu'on voit s'oppose.
Mais il faut terminer enfin par quelque chose :
Et le plus court pour moi, c'est d'entrer là-dedans.

MERCURE.

Ah! tu prends donc, pendard, goût à la bastonnade?

SOSIE, battu par Mercure.

Ah! qu'est-ce ci, grands dieux! il frappe un ton pl us
                                [fort,
Et mon dos pour un mois en doit être malade.
Laissons ce diable d'homme, et retournons au port.
O juste ciel! j'ai fait une belle ambassade!

ACTE II, SCÈNE I.

AMPHITRYON.

Viens çà, bourreau, viens çà. Sais-tu, maître fripon,
Qu'à te faire assommer ton discours peut suffire, ·
Et que, pour te traiter comme je le désire,
   Mon courroux n'attend qu'un bâton?

SOSIE.

   Si vous le prenez sur ce ton,
   Monsieur, je n'ai plus rien à dire,
   Et vous aurez toujours raison.

AMPHITRYON.

Quoi! tu veux me donner pour des vérités, traître,

Des contes que je vois d'extravagance outrés ?

SOSIE.

Non : je suis le valet, et vous êtes le maître ;
Il n'en sera, monsieur, que ce que vous voudrez.

AMPHITRYON.

Çà, je veux étouffer le courroux qui m'enflamme,
Et, tout du long, t'ouïr sur ta commission.
    Il faut, avant que voir ma femme,
Que je débrouille ici cette confusion.
Rappelle tous tes sens, rentre bien dans ton ame,
Et réponds mot pour mot à chaque question.

SOSIE.

    Mais de peur d'incongruité,
    Dites-moi, de grace, à l'avance,
De quel air il vous plaît que ceci soit traité.
Parlerai-je, monsieur, selon ma conscience,
Ou comme auprès des grands on le voit usité ?
    Faut-il dire la vérité,
    Ou bien user de complaisance ?

AMPHITRYON.

    Non ; je ne te veux obliger
Qu'à me rendre de tout un compte fort sincère.

SOSIE.

    Bon. C'est assez, laissez-moi faire ;
    Vous n'avez qu'à m'interroger.

AMPHITRYON.

Sur l'ordre que tantôt je t'avais su prescrire...

SOSIE.

Je suis parti, les cieux d'un noir crèpe voilés,   6.

Pestant fort contre vous dans ce fâcheux martyre,
Et maudissant vingt fois l'ordre dont vous parlez.

AMPHITRYON.

Comment, coquin !

SOSIE.

Monsieur, vous n'avez rien qu'à dire ;
Je mentirai, si vous voulez.

AMPHITRYON.

Voilà comme un valet montre pour nous du zèle !
Passons. Sur les chemins que t'est-il arrivé ?

SOSIE.

D'avoir une frayeur mortelle
Au moindre objet que j'ai trouvé.

AMPHITRYON.

Poltron !

SOSIE.

En nous formant nature a ses caprices :
Divers penchants en nous elle fait observer :
Les uns à s'exposer trouvent mille délices ;
Moi, j'en trouve à me conserver.

AMPHITRYON.

Arrivant au logis...?

SOSIE.

J'ai, devant notre porte,
En moi-même voulu répéter un petit
Sur quel ton et de quelle sorte
Je ferais du combat le glorieux récit.

AMPHITRYON.

Ensuite ?

SOSIE.

On m'est venu troubler et mettre en peine.

AMPHITRYON.

Et qui ?

SOSIE.

Sosie ; un moi de vos ordres jaloux,
Que vous avez du port envoyé vers Alcmène,
Et qui de nos secrets a connaissance pleine,
      Comme le moi qui parle à vous.

AMPHITRYON.

Quels contes !

SOSIE.

      Non ; monsieur, c'est la vérité pure :
Ce moi plus tôt que moi s'est au logis trouvé ;
      Et j'étais venu, je vous jure,
      Avant que je fusse arrivé.

AMPHITRYON.

D'où peut procéder, je te prie,
Ce galimatias maudit ?
Est-ce songe ; est-ce ivrognerie,
Aliénation d'esprit,
Ou méchante plaisanterie ?

SOSIE.

Non, c'est la chose comme elle est,
Et point du tout conte frivole.

Je suis homme d'honneur, j'en donne ma parole :
Et vous m'en croirez, s'il vous plaît.
Je vous dis que, croyant n'être qu'un seul Sosie,
Je me suis trouvé deux chez nous ;
Et que, de ces deux moi piqués de jalousie,
L'un est à la maison, et l'autre est avec vous ;
Que le moi que voici, chargé de lassitude,
A trouvé l'autre moi, frais, gaillard et dispos,
Et n'ayant d'autre inquiétude
Que de battre et casser des os.

AMPHITRYON.

Il faut être, je le confesse,
D'un esprit bien posé, bien tranquille, bien doux,
Pour souffrir qu'un valet de chansons me repaisse.

SOSIE.

Si vous vous mettez en courroux,
Plus de conférence entre nous ;
Vous savez que d'abord tout cesse.

AMPHITRYON.

Non, sans emportement je te veux écouter,
Je l'ai promis. Mais dis ; en bonne conscience,
Au mystère nouveau que tu me viens conter
Est-il quelque ombre d'apparence :

SOSIE.

Non ; vous avez raison, et la chose à chacun
Hors de créance doit paraître.
C'est un fait à n'y rien connaître,
Un conte extravagant, ridicule, importun ;
Cela choque le sens commun ;
Mais cela ne laisse pas d'être.

AMPHITRYON.

Le moyen d'en rien croire, à moins d'être insensé !

SOSIE.

Je ne l'ai pas cru, moi, sans une peine extrême,
Je me suis d'être deux senti l'esprit blessé,
Et longtemps d'imposteur j'ai traité ce moi-même :
Mais à me reconnaître enfin il m'a forcé ;
J'ai vu que c'était moi, sans aucun stratagème :
Des pieds jusqu'à la tête il est comme moi fait,
Beau, l'air noble, bien pris, les manières charmantes ;
  Enfin deux gouttes de lait
  Ne sont pas plus ressemblantes ;
Et, n'était que ses mains sont un peu trop pesantes,
  J'en serais fort satisfait.

AMPHITRYON.

A quelle patience il faut que je m'exhorte !
Mais enfin n'es-tu pas entré dans la maison ?

SOSIE.

  Bon, entré ! Hé ! de quelle sorte ?
Ai-je voulu jamais entendre de raison ?
Et ne me suis-je pas interdit notre porte ?

AMPHITRYON.

Comment donc ?

SOSIE.

   Avec un bâton,
Dont mon dos sent encor une douleur très forte.

AMPHITRYON.

On t'a battu !

SOSIE.

Vraiment.

AMPHITRYON.

Et qui ?

SOSIE.

Moi.

AMPHITRYON.

Toi, te battre ?

SOSIE.

Oui, moi ; non pas le moi d'ici,
Mais le moi du logis, qui frappe comme quatre.

AMPHITRYON.

Te confonde le ciel de me parler ainsi !

SOSIE.

Ce ne sont point des badinages.
Le moi que j'ai trouvé tantôt
Sur le moi qui vous parle a de grands avantages ;
Il a le bras fort, le cœur haut :
J'en ai reçu des témoignages ;
Et ce diable de moi m'a rossé comme il faut ;
C'est un drôle qui fait des rages.

AMPHITRYON.

Achevons. As-tu vu ma femme ?

SOSIE.

Non.

AMPHITRYON.

Pourquoi ?

SOSIE.

Par une raison assez forte.

AMPHITRYON.

Qui t'a fait y manquer, maraud ? Explique-toi.

SOSIE.

Faut-il le répéter vingt fois de même sorte ?
Moi, vous dis-je ; ce moi plus robuste que moi,
Ce moi qui s'est de force emparé de la porte ;
  Ce moi qui m'a fait filer doux ;
  Ce moi qui le seul moi veut être ;
  Ce moi de moi-même jaloux ;
  Ce moi vaillant dont le courroux
  Au moi poltron s'est fait connaître ;
  Enfin ce moi qui suis chez nous ;
  Ce moi qui s'est montré mon maître ;
  Ce moi qui m'a roué de coups.

AMPHITRYON.

Il faut que ce matin, à force de trop boire,
  Il se soit troublé le cerveau.

SOSIE.

Je veux être pendu si j'ai bu que de l'eau !
  A mon serment on m'en peut croire.

AMPHITRYON.

Il faut donc qu'au sommeil tes sens se soient portés,
Et qu'un songe fâcheux, dans ses confus mystères,
  T'ait fait voir toutes les chimères
  Dont tu me fais des vérités.

SOSIE.

Tout aussi peu. Je n'ai point sommeillé,
Et n'en ai même aucune envie.
Et vous parle bien éveillé :
J'étais bien éveillé ce matin, sur ma vie ;
Et bien éveillé même était l'autre Sosie
Quand il m'a si bien étrillé.

AMPHITRYON.

Suis-moi, je t'impose silence.
C'est trop me fatiguer l'esprit ;
Et je suis un vrai fou d'avoir la patience
D'écouter d'un valet les sottises qu'il dit.

SOSIE, *à part.*

Tous les discours sont des sottises,
Partant d'un homme sans éclat :
Ce seraient paroles exquises
Si c'était un grand qui parlât.

ACTE III, SCÈNE VI.

SOSIE.

Faites trêve, messieurs, à toutes vos surprises,
Et pleins de joie allez tabler jusqu'à demain.

(seul.)

Que je vais m'en donner, et me mettre en beau train
De raconter nos vaillantises !
Je brûle d'en venir aux prises ;
Et jamais je n'eus tant de faim.

ACTE III, SCÈNE VII.

MERCURE.

Arrête. Quoi ! tu viens ici mettre ton nez,
   Impudent flaireur de cuisine !

SOSIE.

Ah ! de grace, tout doux !

MERCURE.

          Ah ! vous y retournez,
   Je vous ajusterai l'échine.

SOSIE.

   Hélas ! brave et généreux moi,
     Modère-toi, je t'en supplie.
     Sosie, épargne un peu Sosie,
Et ne te plais pas tant à frapper dessus toi.

MERCURE.

    Qui de t'appeler de ce nom
    A pu te donner la licence ?
Ne t'en ai-je pas fait une expresse défense,
Sous peine d'essuyer mille coups de bâton ?

SOSIE.

C'est un bien que tous deux nous pouvons à la fois
    Posséder sous un même maître.
Pour Sosie en tous lieux on sait me reconnaître ;
     Je souffre bien que tu le sois,
     Souffre aussi que je puisse l'être.
    Laissons aux deux Amphitryons

7

Faire éclater des jalousies ;
Et parmi leurs contentions,
Faisons en bonne paix vivre les deux Sosies.

MERCURE.

Non, c'est assez d'un seul, et je suis obstiné
A ne point souffrir de partage.

SOSIE.

Du pas devant sur moi tu prendras l'avantage ;
Je serai le cadet, et tu seras l'aîné.

MERCURE.

Non, un frère incommode, et n'est pas de mon goût,
Et je veux être fils unique.

SOSIE.

O cœur barbare et tyrannique !
Souffre qu'au moins je sois ton ombre.

MERCURE.

Point du tout.

SOSIE.

Que d'un peu de pitié ton ame s'humanise !
En cette qualité souffre-moi près de toi :
Je te serai partout une ombre si soumise,
Que tu seras content de moi.

MERCURE.

Point de quartier ; immuable est la loi.
Si d'entrer là-dedans tu prends encor l'audace,
Mille coups en seront le fruit.

SOSIE.

Las ! à quelle étrange disgrace,

Pauvre Sosie, es-tu réduit !

MERCURE.

Quoi ! ta bouche se licencie
A te donner encore un nom que je défends !

SOSIE.

Non, ce n'est pas moi que j'entends,
Et je parle d'un vieux Sosie
Qui fut jadis de mes parents,
Qu'avec très grande barbarie
A l'heure du dîner on chassa de céans.

MERCURE.

Prends garde de tomber dans cette frénésie,
Si tu veux demeurer au nombre des vivants.

SOSIE, *bas à part.*

Que je te rosserais, si j'avais du courage,
Double coquin, de trop d'orgueil enflé !

MERCURE.

Que dis-tu ?

SOSIE.

Rien.

MERCURE.

Tu tiens, je crois, quelque langage.

SOSIE.

Demandez, je n'ai pas soufflé.

MERCURE.

Certain mot de coquin
A pourtant frappé mon oreille,
Il n'est rien de plus certain.

SOSIE.

C'est donc un perroquet que le beau temps réveille.

MERCURE.

Adieu. Lorsque le dos pourra te démanger,
            Voilà l'endroit où je demeure.

SOSIE, *seul.*

            O ciel ! que l'heure de manger
Pour être mis dehors est une maudite heure !
Allons, cédons au sort dans notre affliction,
Suivons-en aujourd'hui l'aveugle fantaisie ;
            Et par une juste union,
            Joignons le malheureux Sosie
            Au malheureux Amphitryon.

LE FESTIN DE PIERRE

Le caractère de Don Juan, ce type de la scéléra-
tesse et de l'impiété, abusant de mille qualités brillan-
tes pour en faire des instruments de vices, a été
parfaitement tracé par Molière. La juste punition
de ce criminel venge la morale et la Divinité outragées.
Les scènes suivantes, qui sont de celles qui peuvent
figurer dans ce volume, montrent avec quelle supé-
riorité, avec quelle verve comique ce sujet a été
traité.

ACTE III, SCÈNE VIII.

D. JUAN.

Mais quel est le superbe édifice que je vois entre ces
arbres ?

SGANARELLE.

Vous ne le savez pas ?

D. JUAN.

Non, vraiment.

SGANARELLE.

Bon ! c'est le tombeau que le commandeur faisait
faire lorsque vous le tuâtes.

D. JUAN.

Ah ! tu as raison. Je ne savais pas que c'était de ce

côté-ci qu'il était. Tout le monde m'a dit des merveilles
de cet ouvrage, aussi bien que de la statue du commandeur ; et j'ai envie de l'aller voir.

SGANARELLE.

Monsieur, n'allez point là.

D. JUAN.

Pourquoi ?

SGANARELLE.

Cela n'est pas civil d'aller voir un homme que vous
avez tué.

D. JUAN.

Au contraire, c'est une visite dont je lui veux faire
civilité, et qu'il doit recevoir de bonne grace, s'il est
galant homme. Allons, entrons dedans.

*(Le tombeau s'ouvre, et l'on voit la statue du
commandeur.)*

SGANARELLE.

Ah ! que cela est beau ! Les belles statues ! le beau
marbre ! les beaux piliers ! Ah ! que cela est beau !
Qu'en dites-vous, monsieur ?

D. JUAN.

Qu'on ne peut voir aller plus loin l'ambition d'un
homme mort ; et ce que je trouve admirable, c'est qu'un
homme qui s'est passé durant sa vie d'une assez simple
demeure en veuille avoir une si magnifique pour quand
il n'en a plus que faire.

SGANARELLE.

Voici la statue du commandeur.

D. JUAN.

Parbleu ! le voilà bon avec son habit d'empereur romain !

SGANARELLE.

Ma foi, monsieur, voilà qui est bien fait. Il semble qu'il est en vie, et qu'il s'en va parler. Il jette des regards sur nous qui me feraient peur si j'étais tout seul ; et je pense qu'il ne prend pas plaisir de nous voir.

D. JUAN.

Il aurait tort, et ce serait mal recevoir l'honneur que je lui fais. Demande-lui s'il veut venir souper avec moi.

SGANARELLE.

C'est une chose dont il n'a pas besoin, je crois.

D. JUAN.

Demande-lui, te dis je.

SGANARELLE.

Vous moquez-vous ? ce serait être fou que d'aller parler à une statue.

D. JUAN.

Fais ce que je te dis.

SGANARELLE.

Quelle bizarrerie ! Seigneur commandeur... *(à part.)* je ris de ma sottise ; mais c'est mon maître qui me la fait faire. *(haut.)* Seigneur commandeur, mon maître don Juan vous demande si vous voulez lui faire l'honneur de venir souper avec lui. *(La statue baisse la tête.)* Ah !

SGANARELLE , *baissant la tête comme la statue.*

La statue...

D. JUAN.

Hé bien ! que veux-tu dire, traître ?

SGANARELLE.

Je vous dis que la statue...

D. JUAN.

Hé bien ! la statue ? Je t'assomme, si tu ne parles.

SGANARELLE.

La statue m'a fait signe.

D. JUAN.

La peste le coquin !

SGANARELLE.

Elle m'a fait signe, vous dis-je ; il n'est rien de plus vrai. Allez-vous-en lui parler vous-même pour voir. Peut-être...

D. JUAN.

Viens, maraud, viens. Je te veux bien faire toucher au doigt ta poltronnerie : prends garde. Le seigneur commandeur voudrait-il venir souper avec moi ?

(La statue baisse encore la tête.)

SGANARELLE.

Je ne voudrais pas en tenir dix pistoles. Hé bien, monsieur ?

D. JUAN.

Allons, sortons d'ici.

SGANARELLE, *seul.*

Voilà de mes esprits forts qui ne veulent rien croire !

ACTE IV, SCÈNE I.

D. JUAN, *à Sganarelle.*

Quoi qu'il en soit, laissons cela : c'est une bagatelle ; et nous pouvons avoir été trompés par un faux
jour, ou surpris de quelque vapeur qui nous ait troublé
la vue.

SGANARELLE.

Hé ! monsieur, ne cherchez point à démentir ce que
nous avons vu des yeux que voilà. Il n'est rien de plus
véritable que ce signe de tête ; et je ne doute point que
le ciel, scandalisé de votre vie, n'ait produit ce miracle
pour vous convaincre, et pour vous retirer de...

D. JUAN.

Écoute. Si tu m'importunes davantage de tes sottes
moralités, si tu me dis encore le moindre mot là-dessus, je vais appeler quelqu'un, demander un nerf de
bœuf, te faire tenir par trois ou quatre, et te rouer de
mille coups. M'entends-tu bien ?

SGANARELLE.

Fort bien, monsieur, le mieux du monde. Vous vous
expliquez clairement ; c'est ce qu'il y a de bon en vous,
que vous n'allez point chercher de détours : vous dites
les choses avec une netteté admirable.

D. JUAN.

Allons. Qu'on me fasse souper le plus tôt que l'on pourra. Une chaise, petit garçon.

SCÈNE II.

LA VIOLETTE.

Monsieur, voilà votre marchand, monsieur Dimanche, qui demande à vous parler.

SGANARELLE.

Bon ! voilà ce qu'il nous faut qu'un compliment de créancier ! De quoi s'avise-t-il de nous venir demander de l'argent ? et que ne lui disais-tu que monsieur n'y est pas ?

LA VIOLETTE.

Il y a trois quarts d'heure que je le lui dis ; mais il ne veut pas le croire, et s'est assis là-dedans pour attendre.

SGANARELLE.

Qu'il attende tant qu'il voudra.

D. JUAN.

Non ; au contraire, fais-le entrer. C'est une fort mauvaise politique que de se faire céler aux créanciers. Il est bon de les payer de quelque chose, et j'ai le secret de les renvoyer satisfaits sans leur donner un double.

SCÈNE III.

D. JUAN.

Ah ! monsieur Dimanche, approchez. Que je suis ravi
de vous voir ! et que je veux de mal à mes gens de ne
pas vous avoir fait entrer d'abord ! J'avais donné ordre
qu'on ne me fît parler à personne : mais cet ordre n'est
pas pour vous, et vous êtes en droit de ne trouver jamais
de porte fermée chez moi.

M. DIMANCHE.

Monsieur, je vous suis fort obligé.

D. JUAN, *parlant à la Violette et à Ragotin.*

Parbleu ! coquins, je vous apprendrai à laisser monsieur Dimanche dans une antichambre, et je vous ferai
connaître les gens.

M. DIMANCHE.

Monsieur, cela n'est rien.

D. JUAN, *à M. Dimanche.*

Comment ! vous dire que je n'y suis pas, à monsieur
Dimanche, au meilleur de mes amis !

M. DIMANCHE.

Monsieur, je suis votre serviteur. J'étais venu...

D. JUAN.

Allons vite, un siége pour M. Dimanche.

M. DIMANCHE.

Monsieur, je suis bien comme cela.

D. JUAN.

Point, point ; je veux que vous soyez assis comme moi.

M. DIMANCHE.

Cela n'est point nécessaire.

D. JUAN.

Otez ce pliant, et apportez un fauteuil.

M. DIMANCHE.

Monsieur, vous vous moquez, et...

D. JUAN.

Non, non : je sais ce que je vous dois ; et je ne veux point qu'on mette de différence entre nous deux.

M. DIMANCHE.

Monsieur...

D. JUAN.

Allons, asseyez-vous.

M. DIMANCHE.

Il n'est pas besoin, monsieur, et je n'ai qu'un mot à vous dire. J'étais...

D. JUAN.

Mettez-vous là, vous dis-je.

M. DIMANCHE.

Non, monsieur, je suis bien. Je viens pour...

D. JUAN.

Non, je ne vous écoute point, si vous n'êtes point assis.

M. DIMANCHE.

Monsieur, je fais ce que vous voulez. Je...

D. JUAN.

Parbleu! monsieur Dimanche, vous vous portez bien.

M. DIMANCHE.

Oui, monsieur, pour vous rendre service. Je suis
venu...

D. JUAN.

Vous avez un fonds de santé admirable, des lèvres
fraiches, un teint vermeil, et des yeux vifs.

M. DIMANCHE.

Je voudrais bien...

D. JUAN.

Comment se porte madame Dimanche votre épouse?

M. DIMANCHE.

Fort bien, monsieur, Dieu merci.

D. JUAN.

C'est une brave femme.

M. DIMANCHE.

Elle est votre servante, monsieur. Je venais...

D. JUAN.

Et votre petite fille Claudine, comment se porte-t-
elle?

M. DIMANCHE.

Le mieux du monde.

D. JUAN.

La jolie petite fille que c'est ! Je l'aime de tout mon cœur.

M. DIMANCHE.

C'est trop d'honneur que vous lui faites, monsieur. Je vous...

D. JUAN.

Et le petit Colin, fait-il toujours bien du bruit avec son tambour ?

M. DIMANCHE.

Toujours de même, monsieur. Je...

D. JUAN.

Et votre petit chien Brusquet, gronde-t-il toujours aussi fort, et mord-il toujours bien aux jambes les gens qui vont chez vous ?

M. DIMANCHE.

Plus que jamais, monsieur, et nous ne saurions en chevir.

D. JUAN.

Ne vous étonnez pas si je m'informe des nouvelles de toute la famille, car j'y prends beaucoup d'intérêt.

M. DIMANCHE.

Nous vous sommes, monsieur, infiniment obligés. Je...

D. JUAN, *lui tendant la main.*

Touchez donc là, monsieur Dimanche. Êtes-vous bien de mes amis ?

M. DIMANCHE.

Monsieur, je suis votre serviteur.

D. JUAN.

Parbleu! je suis à vous de tout mon cœur.

M. DIMANCHE.

Vous m'honorez trop. Je...

D. JUAN.

Il n'y a rien que je ne fisse pour vous.

M. DIMANCHE.

Monsieur, vous avez trop de bonté pour moi.

D. JUAN.

Et cela sans intérêt, je vous prie de le croire.

M. DIMANCHE.

Je n'ai point mérité cette grace, assurément. Mais,
monsieur...

D. JUAN.

Or çà, monsieur Dimanche, sans façon, voulez-vous
souper avec moi.

M. DIMANCHE.

Non, monsieur, il faut que je m'en retourne tout à
l'heure. Je...

D. JUAN, *se levant.*

Allons, vite, un flambeau pour conduire monsieur
Dimanche; et que quatre ou cinq de mes gens prennent
des mousquetons pour l'escorter.

M. DIMANCHE, *se levant aussi.*

Monsieur, il n'est pas nécessaire, et je m'en irai
bien tout seul. Mais...

(Sganarelle ôte les siéges promptement.)

D. JUAN.

Comment! je veux qu'on vous escorte, et je m'inté-
resse trop à votre personne. Je suis votre serviteur, et,
de plus, votre débiteur.

M. DIMANCHE.

Ah ! monsieur...

D. JUAN.

C'est une chose que je ne cache pas, et je le dis à tout
le monde.

M. DIMANCHE.

Si...

D. JUAN.

Voulez-vous que je vous reconduise ?

M. DIMANCHE.

Ah ! monsieur, vous vous moquez. Monsieur...

D. JUAN.

Embrassez-moi donc, s'il vous plaît. Je vous prie,
encore une fois, d'être persuadé que je suis tout à vous,
et qu'il n'y a rien au monde que je ne fisse pour votre
service. *(Il sort.)*

SCÈNE III.

SGANARELLE.

Il faut avouer que vous avez en monsieur un homme qui vous aime bien.

M. DIMANCHE.

Il est vrai ; il me fait tant de civilités et tant de compliments, que je ne saurais jamais lui demander de l'argent.

SGANARELLE.

Je vous assure que toute sa maison périrait pour vous : et je voudrais qu'il vous arrivât quelque chose, que quelqu'un s'avisât de vous donner des coups de bâton ; vous verriez de quelle manière...

M. DIMANCHE.

Je le crois. Mais, Sganarelle, je vous prie de lui dire un petit mot de mon argent.

SGANARELLE.

Oh ! ne vous mettez pas en peine, il vous paiera le mieux du monde.

M. DIMANCHE.

Mais vous, Sganarelle, vous me devez quelque chose en votre particulier.

SGANARELLE.

Fi ! ne parlez pas de cela.

M. DIMANCHE.

Comment ! je...

SGANARELLE.

Ne sais je pas bien ce que je vous dois ?

M. DIMANCHE.

Oui. Mais...

SGANARELLE.

Allons, monsieur Dimanche, je vais vous éclairer.

M. DIMANCHE.

Mais mon argent !

SGANARELLE, *prenant M. Dimanche par le bras.*

Vous moquez-vous ?

M. DIMANCHE.

Je veux...

SGANARELLE, *le tirant.*

Hé !

M. DIMANCHE.

J'entends...

SGANARELLE, *le poussant vers la porte.*

Bagatelle !

M. DIMANCHE.

Mais...

SGANARELLE *le poussant encore.*

Fi !

M. DIMANCHE.

Je...

SCANARELLE, *le poussant tout-à-fait hors du théâtre.*

Fi! vous dis-je.

SCÈNE V.

LA VIOLETTE, *à don Juan.*

Monsieur, voilà monsieur votre père.

D. JUAN.

Ah! me voici bien! il me fallait cette visite pour me faire enrager.

SCÈNE VI.

D. LOUIS.

Je vois bien que je vous embarrasse, et que vous vous passeriez fort aisément de ma venue. A dire vrai, nous nous incommodons étrangement l'un l'autre : si vous êtes las de me voir, je suis bien las aussi de vos déportements. Hélas! que nous savons peu ce que nous faisons, quand nous ne laissons pas au ciel le soin des choses qu'il nous faut, quand nous voulons être plus avisés que lui, et que nous venons l'importuner par nos souhaits aveugles et nos demandes inconsidérées ! J'ai souhaité un fils avec des ardeurs nompareilles, je l'ai demandé sans relâche avec des transports incroyables ; et ce fils, que j'obtiens en fatiguant le ciel de vœux, est le chagrin et

le supplice de cette vie même, dont je croyais qu'il devait
être la joie et la consolation. De quel œil, à votre avis,
pensez-vous que je puisse voir cet amas d'actions indi-
gnes dont on a peine, aux yeux du monde, d'adoucir le
mauvais visage, cette suite continuelle de méchantes
affaires qui nous réduisent, à toute heure, à lasser les
bontés du souverain, et qui ont épuisé auprès de lui le
mérite de mes services et le crédit de mes amis ? Ah ! quelle
bassesse est la vôtre ! Ne rougissez-vous point de mériter
si peu votre naissance ? Êtes-vous en droit, dites-moi,
d'en tirer quelque vanité ? et qu'avez-vous fait dans le
monde pour être gentilhomme ? Croyez vous qu'il suffise
d'en porter le nom et les armes, et que ce nous soit une
gloire d'être sortis d'un sang noble, lorsque nous vivons
en infâmes ? Non, non, la naissance n'est rien où la vertu
n'est pas. Aussi nous n'avons part à la gloire de nos an-
cêtres qu'autant que nous nous efforçons de leur ressem-
bler ; et cet éclat de leurs actions qu'ils répandent sur
nous nous impose un engagement de leur faire les
mêmes honneurs, de suivre les pas qu'ils nous tracent,
et de ne point dégénérer de leur vertu, si nous voulons
être estimés leurs véritables descendants. Ainsi vous
descendrez en vain des aïeux dont vous êtes né ; ils
vous désavouent pour leur sang ; et tout ce qu'ils ont
fait d'illustre ne vous donne aucun avantage : au contraire, l'éclat n'en rejaillit sur vous qu'à votre déshon-
neur, et leur gloire est un flambeau qui éclaire aux
yeux d'un chacun la honte de vos actions; apprenez enfin qu'un gentilhomme qui vit mal est un monstre dans
la nature ; que la vertu est le premier titre de noblesse ;

que je regarde bien moins au nom qu'on signe, qu'aux
actions qu'on fait ; et que je ferais plus d'état du fils
d'un crocheteur qui serait honnête homme, que du fils
d'un monarque qui vivrait comme vous.

D. JUAN.

Monsieur, si vous étiez assis, vous en seriez mieux
pour parler.

D. LOUIS.

Non, insolent, je ne veux point m'asseoir ni parler
davantage ; et je vois bien que toutes mes paroles ne font
rien sur ton âme : mais sache, fils indigne, que la tendresse paternelle est poussée à bout par tes actions ; que
je saurai, plus tôt que tu ne penses, mettre une borne à
tes dérèglements, prévenir sur toi le courroux du ciel, et
laver, par ta punition, la honte de t'avoir fait naître.

ACTE IV, SCÈNE XI.

D. JUAN, *se mettant à table.*

Sganarelle, il faut songer à s'amender pourtant.

SGANARELLE.

Oui-dà.

D. JUAN.

Oui, ma foi, il faut s'amender. Encore vingt ou
trente ans de cette vie-ci, et puis nous songerons à
nous.

SGANARELLE.

Oh !

D. JUAN.

Qu'en dis-tu ?

SGANARELLE.

Rien. Voilà le souper.

(Il prend un morceau d'un des plats qu'on apporte, et le met dans sa bouche.)

D. JUAN.

Il me semble que tu as la joue enflée, qu'est-ce que c'est ? Parle donc : qu'as-tu là ?

SGANARELLE.

Rien.

D. JUAN.

Montre un peu. Parbleu! c'est une fluxion qui lui est tombée sur la joue. Vite, une lancette pour percer cela. Le pauvre garçon n'en peut plus, et cet abcès le pourrait étouffer. Attends. Voyez comme il était mûr. Ah ! coquin que vous êtes !...

SGANARELLE.

Ma foi, monsieur, je voulais voir si votre cuisinier n'avait point mis trop de sel ou trop de poivre.

D. JUAN.

Allons, mets-toi là, et mange. J'ai à faire de toi, quand j'aurai soupé. Tu as faim, à ce que je vois.

SGANARELLE, *se mettant à table.*

Je le crois bien, monsieur ; je n'ai point mangé depuis ce matin. Tàtez de cela, voilà qui est le meilleur du monde. *(à Ragotin, qui, à mesure que Sganarelle mel quelque chose dans son assiette, la lui ôte, dès que Sganarelle tourne la tête.)* Mon assiette ! Tout doux, s'il vous plaît. Vertubleu ! petit compère ; que vous êtes habile à donner des assiettes nettes ! Et vous, petit la Violette, que vous savez présenter à boire à propos !

(Pendant que la Violette donne à boire à Sganarelle, Ragotin ôte encore son assiette.)

D. JUAN.

Qui peut frapper de cette sorte ?

SGANARELLE.

Qui diable nous vient troubler dans notre repas ?

D. JUAN.

Je veux souper en repos au moins, et qu'on ne laisse entrer personne.

SGANARELLE.

Laissez-moi faire ; je m'y en vais moi-même.

D. JUAN, *voyant revenir Sganarelle effrayé.*

Qu'est-ce donc ? Qu'y a-t-il ?

SGANARELLE, *baissant la tête comme la statue.*

Le... qui est là.

D. JUAN.

Allons voir, et montrons que rien ne saurait m'ébranler.

SGANARELLE.

Ah ! pauvre Sganarelle, où te cacheras-tu ?

SCÈNE XII.

D . JUAN, *à ses gens.*

Une chaise et un couvert. Vite donc.

(Don Juan et la Statue se mettent à table.)
(à Sganarelle.) Allons, mets-toi à table.

SGANARELLE.

Monsieur, je n'ai plus faim.

D. JUAN.

Mets-toi là, te dis-je. A boire. A la santé du commandeur. Je te la porte, Sganarelle. Qu'on lui donne
du vin.

SGANARELLE.

Monsieur, je n'ai pas soif.

D. JUAN.

Bois, et chante ta chanson pour régaler le commandeur.

SGANARELLE.

Je suis enrhumé, monsieur.

D. JUAN.

Il n'importe. Allons. *(à ses gens.)* Vous autres, venez ; accompagnez sa voix.

LA STATUE.

Don Juan, c'est assez. Je vous invite à venir demain
souper avec moi. En aurez-vous le courage ?

D. JUAN.

Oui, j'irai accompagné du seul Sganarelle.

SGANARELLE.

Je vous rends grace, il est demain jeûne pour moi.

D. JUAN, *à Sganarelle*.

Prends ce flambeau.

LA STATUE.

On n'a pas besoin de lumière quand on est conduit par le ciel.

ACTE V, SCÈNE IV.

SGANARELLE.

Monsieur, quel diable de style prenez-vous là ? Ceci est bien pis que le reste, et je vous aimerais bien mieux encore comme vous étiez auparavant. J'espérais toujours de votre salut : mais c'est maintenant que j'en désespère ; et je crois que le ciel qui vous a souffert jusqu'ici, ne pourra souffrir cette dernière horreur.

D. JUAN.

Va, va, le ciel n'est pas si exact que tu penses ; et si toutes les fois que les hommes...

SCÈNE V.

SGANARELLE, *apercevant le spectre*.

Ah ! monsieur, c'est le ciel qui vous parle, et c'est un avis qu'il vous donne.

D. JUAN.

Si le ciel me donne un avis, il faut qu'il parle un peu
plus clairement, s'il veut que je l'entende.

LE SPECTRE.

Don Juan n'a plus qu'un moment à pouvoir profiter
de la miséricorde du ciel ; et s'il ne se repent ici, sa perte
est résolue.

SGANARELLE.

Entendez-vous, monsieur ?

·D. JUAN.

Qui ose tenir ces paroles ? Je crois connaître cette
voix.

SGANARELLE.

Ah ! monsieur, c'est un spectre ; je le reconnais au
marcher.

D. JUAN.

Spectre, fantôme, ou diable, je veux voir ce que
c'est.

*(Le spectre change de figure, et représente le Temps
avec sa faux à la main.)*

SGANARELLE.

O ciel ! voyez-vous, monsieur, ce changement de
figure ?

D. JUAN.

Non, non, rien n'est capable de m'imprimer de la
terreur ; et je veux éprouver avec mon épée si c'est un
corps ou un esprit.

(Le spectre s'envole dans le temps que don Juan veut le frapper.)

SGANARELLE.

Ah ! monsieur, rendez-vous à tant de preuves, et jetez-vous vite dans le repentir.

D. JUAN.

Non, non, il ne sera pas dit, quoiqu'il arrive, que je sois capable de me repentir. Allons, suis moi.

SCÈNE VI.

LA STATUE.

Arrêtez, don Juan. Vous m'avez hier donné parole de venir manger avec moi.

D. JUAN.

Oui. Où faut-il aller ?

LA STATUE.

Donnez-moi la main.

D. JUAN.

La voilà.

LA STATUE.

Don Juan, l'endurcissement au péché traîne une mort funeste ; et les graces du ciel que l'on renvoie ouvrent un chemin à sa foudre.

D. JUAN.

O ciel ! que sens je ? Un feu invisible me brûle, je

n'en puis plus, et tout mon corps devient un brasier ardent. Ah !

(Le tonnerre tombe avec un grand bruit et de grands éclairs, sur don Juan. La terre s'ouvre et l'abîme ; et il sort de grands feux de l'endroit où il est tombé.)

SGANARELLE.

Voilà, par sa mort, un chacun satisfait. Ciel offensé, lois violées, familles déshonorées, parents outragés, tout le monde est content. Il n'y a que moi seul de malheureux, qui, après tant d'années de service, n'ai point d'autre récompense que de voir à mes yeux l'impiété de mon maître punie par le plus épouvantable châtiment du monde.

LES FEMMES SAVANTES

ACTE II, SCÈNE VI.

*La raison domine dans cette pièce, et en fait le
principal charme. Dans les scènes suivantes, on voit
avec quel talent Molière a su défendre ses droits
contre le pédantisme et la prétention au bel-esprit.*

PHILAMINTE, *apercevant Martine.*

Quoi ! je vous vois, maraude !
Vite, sortez, friponne ; allons, quittez ces lieux ;
Et ne vous présentez jamais devant mes yeux.

CHRYSALE.

Tout doux.

PHILAMINTE.

Non, c'est fait.

CHRYSALE.

Hé !

PHILAMINTE,

Je veux qu'elle sorte.

CHRYSALE.

Mais qu'a-t-elle commis, pour vouloir de la sorte...

PHILAMINTE.

Quoi ! vous la soutenez ?

8.

CHRYSALE.

En aucune façon.

PHILAMINTE.

Prenez-vous son parti contre moi ?

CHRYSALE.

Mon Dieu ! non :
Je ne fais seulement que demander son crime.

PHILAMINTE.

Suis-je pour la chasser sans cause légitime ?

CHRYSALE.

Je ne dis pas cela ; mais il faut de nos gens...

PHILAMINTE.

Non, elle sortira, vous dis-je, de céans.

CHRYSALE.

Hé bien ! oui. Vous dit-on quelque chose là contre ?

PHILAMINTE.

Je ne veux point d'obstacle aux désirs que je montre.

CHRYSALE.

D'accord.

PHILAMINTE.

Et vous devez, en raisonnable époux,
Être pour moi contre elle, et prendre mon courroux.

CHRYSALE.

(Se tournant vers Martine.)

Aussi fais-je. Oui, ma femme avec raison vous chasse.
Coquine ; et votre crime est indigne de grace.

MARTINE.

Qu'est-ce donc que j'ai fait ?

CHRYSALE, *bas.*

Ma foi, je ne sais pas.

PHILAMINTE.

Elle est d'humeur encore à n'en faire aucun cas.

CHRYSALE.

A-t-elle, pour donner matière à votre haine,
Cassé quelque miroir ou quelque porcelaine ?

PHILAMINTE.

Voudrais-je la chasser, et vous figurez-vous
Que pour si peu de chose on se mette en courroux ?

CHRYSALE, *à Martine.*

(à Philaminte.)

Qu'est-ce à dire ? L'affaire est donc considérable ?

PHILAMINTE.

Sans doute. Me voit-on femme déraisonnable ?

CHRYSALE.

Est-ce qu'elle a laissé, d'un esprit négligent
Dérober quelque aiguière ou quelque pot d'argent ?

PHILAMINTE.

Cela ne serait rien.

CHRYSALE, *à Martine.*

Oh ! oh ! Peste, la belle !

(à Philaminte.)

Quoi ! vous l'avez surprise à n'être pas fidèle ?

PHILAMINTE.

C'est pis que tout cela.

CHRYSALE.

Pis que tout cela ?

PHILAMINTE.

Pis.

CHRYSALE, *à Martine.*

(à Philaminte.)

Comment! diantre, friponne ! Euh ! a-t-elle commis...

PHILAMINTE.

Elle a, d'une insolence à nulle autre pareille,
Après trente leçons, insulté mon oreille
Par l'impropriété d'un mot sauvage et bas
Qu'en termes décisifs condamne Vaugelas.

CHRYSALE.

Est-ce là...

PHILAMINTE.

Quoi ! toujours, malgré nos remontrances,
Heurter le fondement de toutes les sciences,
La grammaire, qui sait régenter jusqu'aux rois,
Et les fait, la main haute, obéir à ses lois.

CHRYSALE.

Du plus grand des forfaits je la croyais coupable.

PHILAMINTE.

Quoi ! vous ne trouvez pas ce crime impardonnable ?

CHRYSALE.

Si fait.

PHILAMINTE.

Je voudrais bien que vous l'excusassiez !

CHRYSALE.

Je n'ai garde.

BÉLISE.

Il est vrai que ce sont des pitiés.
Toute construction est par elle détruite ;
Et des lois du langage on l'a cent fois instruite.

MARTINE.

Tout ce que vous prêchez est, je crois, bel et bon ;
Mais je ne saurais, moi, parler votre jargon.

PHILAMINTE.

L'impudente ! appeler un jargon le langage
Fondé sur la raison et sur le bel usage !

MARTINE.

Quand on se fait entendre, on parle toujours bien,
Et tous vos biaux dictons ne servent pas de rien.

PHILAMINTE.

Hé bien ! ne voilà pas encore de son style ?
Ne servent pas de rien !

BÉLISE.

O cervelle indocile !
Faut-il qu'avec les soins qu'on prend incessamment
On ne te puisse apprendre à parler congrûment !
De *pas* mis avec *rien* tu fais la récidive ;
Et c'est, comme on t'a dit, trop d'une négative.

MARTINE.

Mon dieu ! je n'avons pas étugué comme vous,
Et je parlons tout droit comme on parle cheux nous.

PHILAMINTE.

Ah ! peut-on y tenir ?

BÉLISE.

Quel solécisme horrible !

PHILAMINTE.

En voilà pour tuer une oreille sensible.

BÉLISE.

Ton esprit, je l'avoue, est bien matériel :
Je n'est qu'un singulier, *avons* est un pluriel.
Veux-tu toute ta vie offenser la grammaire ?

MARTINE.

Qui parle d'offenser grand'mère ni grand'père ?

PHILAMINTE.

O ciel !

BÉLISE.

Grammaire est prise à contre-sens par toi ;
Et je t'ai déjà dit d'où vient ce mot.

MARTINE.

Ma foi !
Qu'il vienne de Chaillot, d'Auteuil ou de Pontoise,
Cela ne me fait rien.

BÉLISE.

Quelle âme villageoise !
La grammaire, du verbe et du nominatif,

Comme de l'adjectif avec le substantif,
Nous enseigne les lois.

MARTINE.

J'ai, madame, à vous dire
Que je ne connais point ces gens-là.

PHILAMINTE.

Quel martyre !

BÉLISE.

Ce sont les noms des mots ; et l'on doit regarder
En quoi c'est qu'il les faut faire ensemble accorder...

MARTINE.

Qu'ils s'accordent entre eux, ou se gourment, qu'im -
[porte ?

PHILAMINTE, *à Bélise.*

Hé ! mon Dieu, finissez un discours de la sorte,
  (*à Chrysale.*)
Vous ne voulez pas, vous, me la faire sortir ?

CHRYSALE.

  (*à part.*)
Si fait. A son caprice il me faut consentir.
Va, ne l'irrite point ; retire-toi, Martine.

PHILAMINTE.

Comment ! vous avez peur d'offenser la coquine !
Vous lui parlez d'un ton tout-à-fait obligeant !

CHRYSALE.

  (*d'un ton ferme.*) (*d'un ton plus doux,*)
Moi ? point. Allons, sortez. Va-t-en, ma pauvre enfant.

SCÈNE VII.

CHRYSALE.

Vous êtes satisfaite, et la voilà partie :
Mais je n'approuve point une telle sortie ;
C'est une fille propre aux choses qu'elle fait,
Et vous me la chassez pour un maigre sujet.

PHILAMINTE.

Vous voulez que toujours je l'aie à mon service,
Pour mettre incessamment mon oreille au supplice,
Pour rompre toute loi d'usage et de raison
Par un barbare amas de vices d'oraison,
De mots estropiés, cousus, par intervalles,
De proverbes traînés dans les ruisseaux des halles ?

BÉLISE.

Il est vrai que l'on sue à souffrir ses discours,
Elle y met Vaugelas en pièces tous les jours :
Et les moindres défauts de ce grossier génie
Sont ou le pléonasme ou la cacophonie.

CHRYSALE.

Qu'importe qu'elle manque aux lois de Vaugelas,
Pourvu qu'à la cuisine elle ne manque pas ?
J'aime bien mieux, pour moi, qu'en épluchant ses
                                        [herbes
Elle accommode mal les noms avec les verbes,
Et redise cent fois un bas ou méchant mot,
Que de brûler ma viande ou saler trop mon pot :

Je vis de bonne soupe, et non de beau langage.
Vaugelas n'apprend point à bien faire un potage ;
Et Malherbe et Balzac, si savants en beaux mots,
En cuisine peut-être auraient été des sots.

PHILAMINTE.

Que ce discours grossier terriblement assomme !
Et quelle indignité, pour ce qui s'appelle homme,
D'être baissé sans cesse aux soins matériels,
Au lieu de se hausser vers les spirituels !
Le corps, cette guenille, est-il d'une importance,
D'un prix à mériter seulement qu'on y pense ?
Et ne devons-nous pas laisser cela bien loin ?

CHRYSALE.

Oui, mon corps est moi-même, et j'en veux prendre
[soin.
Guenille, si l'on veut, ma guenille m'est chère.

BÉLISE.

Le corps avec l'esprit fait figure, mon frère :
Mais, si vous en croyez tout le monde savant,
L'esprit doit sur le corps prendre le pas devant ;
Et notre plus grand soin, notre première instance,
Doit être à le nourrir du suc de la science.

CHRYSALE.

Ma foi, si vous songez à nourrir votre esprit,
C'est de viande bien creuse, à ce que chacun dit ;
Et vous n'avez nul soin, nulle sollicitude,
Pour...

PHILAMINTE.

Ah ! *Sollicitude* à mon oreille est rude ;
Il pue étrangement son ancienneté.

BÉLISE.

Il est vrai que le mot est bien *collet monté*.

CHRYSALE.

Voulez-vous que je dise ? Il faut qu'enfin j'éclate.
Que je lève le masque, et décharge ma rate.
De folles on vous traite, et j'ai fort sur le cœur...

PHILAMINTE.

Comment donc !

CHRYSALE, *à Bélise*.

C'est à vous que je parle, ma sœur.
Le moindre solécisme en parlant vous irrite ;
Mais vous en faites, vous, d'étranges en conduite.
Vos livres éternels ne me contentent pas,
Et, hors un gros Plutarque à mettre mes rabats,
Vous devriez brûler tout ce meuble inutile,
Et laisser la science aux docteurs de la ville ;
M'ôter, pour faire bien, du grenier de céans,
Cette longue lunette à faire peur aux gens,
Et cent brinborions dont l'aspect importune ;
Ne point aller chercher ce qu'on fait dans la lune,
Et vous mêler un peu de ce qu'on fait chez vous,
Où nous voyons aller tout sens dessus dessous.
Il n'est pas bien honnête, et pour beaucoup de causes,
Qu'une femme étudie et sache tant de choses.
Former aux bonnes mœurs l'esprit de ses enfants,

Faire aller son ménage, avoir l'œil sur ses gens,
Et régler la dépense avec économie.
Doit être son étude et sa philosophie.
Nos pères, sur ce point, étaient gens bien sensés,
Qui disaient qu'une femme en sait toujours assez,
Quand la capacité de son esprit se hausse
A connaître un pourpoint d'avec un haut-de-chausse.
Les leurs ne lisaient point ; mais elles vivaient bien ;
Leurs ménages étaient tout leur docte entretien ;
Et leurs livres, un dé, du fil, et des aiguilles,
Dont elles travaillaient au trousseau de leurs filles.
Les femmes d'à présent sont bien loin de ces mœurs :
Elles veulent écrire et devenir auteurs ;
Nulle science n'est pour elle trop profonde,
Et céans beaucoup plus qu'en aucun lieu du monde ;
Les secrets les plus hauts s'y laissent concevoir,
Et l'on sait tout chez moi, hors ce qu'il faut savoir.
On y sait comme vont lune, étoile polaire,
Vénus, Saturne et Mars, dont je n'ai point affaire ;
Et dans ce vain savoir qu'on va chercher si loin,
On ne sait comme va mon pot, dont j'ai besoin.
Mes gens à la science aspirent pour vous plaire,
Et tous ne font rien moins que ce qu'ils ont à faire ;
Raisonner est l'emploi de toute ma maison ;
Et le raisonnement en bannit la raison.
L'un me brûle mon rôt en lisant quelque histoire,
L'autre rêve à des vers quand je demande à boire ;
Enfin, je vois par eux votre exemple suivi ;
Et j'ai des serviteurs et ne suis point servi.
Une pauvre servante, au moins, m'était restée,

Qui de ce mauvais air n'était point infectée ;
Et voilà qu'on la chasse avec un grand fracas,
A cause qu'elle manque à parler Vaugelas !
Je vous le dis, ma sœur, tout ce train-là me blesse :
Car c'est, comme j'ai dit, à vous que je m'adresse.
Je n'aime point céans tous vos gens à latin,
Et principalement ce monsieur Trissotin :
C'est lui qui, dans des vers, vous a tympanisées ;
Tous les propos qu'il tient sont des billevesées :
On cherche ce qu'il dit après qu'il a parlé ;
Et je lui crois, pour moi, le timbre un peu felé.

PHILAMINTE.

Quelle bassesse, ô ciel ! et d'âme et de langage !

BÉLISE.

Est-il de petit corps un plus lourd assemblage,
Un esprit composé d'atomes plus bourgeois ?
Et de ce même sang se peut-il que je sois !
Je me veux mal de mort d'être de votre race ;
Et de confusion j'abandonne la place.

ACTE III, SCÈNE V.

TRISSOTIN, *présentant Vadius.*

Voici l'homme qui meurt du désir de vous voir ;
En vous le produisant je ne crains point le blâme
D'avoir admis chez vous un profane, madame.
Il peut tenir son coin parmi de beaux esprits.

PHILAMINTE.

La main qui le présente en dit assez le prix.

TRISSOTIN.

Il a des vieux auteurs la pleine intelligence,
Et sait du grec, madame, autant qu'homme de France.

PHILAMINTE, *à Bélise.*

Du grec! ô ciel! du grec! il sait du grec, ma sœur!

BÉLISE, *à Armande.*

Ah! ma nièce, du grec!

ARMANDE.

Du grec! quelle douceur!

PHILAMINTE.

Quoi! monsieur, sait du grec! Ah! permettez de
[grace,
Que pour l'amour du grec, monsieur, on vous em-
[brasse.

(Vadius embrasse aussi Bélise et Armande.)

HENRIETTE, *à Vadius qui veut aussi l'embrasser.*

Excusez-moi, monsieur, je n'entends pas le grec.

(Ils s'asseyent.)

PHILAMINTE.

J'ai pour les livres grecs un merveilleux respect.

VADIUS.

Je crains d'être fâcheux par l'ardeur qui m'engage
A vous rendre aujourd'hui, madame, mon hommage;
Et j'aurai pu troubler quelque docte entretien.

PHILAMINTE.

Monsieur, avec du grec on ne peut gâter rien.

TRISSOTIN.

Au reste, il fait merveille en vers ainsi qu'en prose,
Et pourrait, s'il voulait, vous montrer quelque chose.

VADIUS.

Le défaut des auteurs dans leurs productions,
C'est d'en tyranniser les conversations,
D'être au palais, au cours, aux ruelles, aux tables,
De leurs vers fatigants lecteurs infatigables.
Pour moi, je ne vois rien de plus sot à mon sens
Qu'un auteur qui partout va gueuser des encens ;
Qui, des premiers venus saisissant les oreilles,
En fait le plus souvent les martyrs de ses veilles.
On ne m'a jamais vu ce fol entêtement ;
Et d'un Grec là-dessus je suis le sentiment,
Qui, par un dogme exprès défend à tous ses sages
L'indigne empressement de lire leurs ouvrages.
Voici de petits vers pour de jeunes amants,
Sur quoi je voudrais bien avoir vos sentiments.

TRISSOTIN.

Vos vers ont des beautés que n'ont point tous les
[autres.

VADIUS.

Les Graces et Vénus règnent dans tous les vôtres.

TRISSOTIN.

Vous avez le tour libre et le beau choix des mots.

VADIUS.

On voit partout chez vous l'*ithos* et le *pathos*.

TRISSOTIN.

Nous avons vu de vous des églogues d'un style
Qui passe en doux attraits Théocrite et Virgile.

VADIUS.

Vos odes ont un air noble, galant et doux,
Qui laisse de bien loin votre Horace après vous.

TRISSOTIN.

Est-il rien d'amoureux comme vos chansonnettes ?

VADIUS.

Peut-on rien voir d'égal aux sonnets que vous faites?

TRISSOTIN.

Rien qui soit plus charmant que vos petits rondeaux ?

VADIUS.

Rien de si plein d'esprit que tous vos madrigaux ?

TRISSOTIN.

Aux ballades surtout vous êtes admirable.

VADIUS.

Et dans les bouts-rimés je vous trouve adorable.

TRISSOTIN.

Si la France pouvait connaître votre prix,

VADIUS.

Si le siècle rendait justice aux beaux esprits,

TRISSOTIN.

En carrosse doré vous iriez par les rues.

VADIUS.

On verrait le public vous dresser des statues.
              (à Trissotin.)
Hom ! c'est une ballade, et je veux que tout net
Vous m'en...

TRISSOTIN, *à Vadius.*

                Avez-vous vu certain petit sonnet
Sur la fièvre qui tient la princesse Uranie ?

VADIUS.

Ouï. Hier il me fut lu dans une compagnie.

TRISSOTIN.

Vous en savez l'auteur ?

VADIUS.

                        Non ; mais je sais fort bien
Qu'à ne le point flatter son sonnet ne vaut rien.

TRISSOTIN.

Beaucoup de gens pourtant le trouvent admirable.

VADIUS.

Cela n'empêche pas qu'il ne soit misérable ;
Et, si vous l'avez vu, vous serez de mon goût.

TRISSOTIN.

Je sais que là-dessus je n'en suis point du tout,
Et que d'un tel sonnet peu de gens sont capables.

VADIUS.

Me préserve le ciel d'en faire de semblables !

TRISSOTIN.

Je soutiens qu'on ne peut en faire de meilleur ;

Et ma grande raison est que j'en suis l'auteur.

VADIUS.

Vous ?

TRISSOTIN.

Moi.

VADIUS.

Je ne sais comment se fit l'affaire.

TRISSOTIN.

C'est qu'on fut malheureux de ne pouvoir vous
[plaire.

VADIUS.

Il faut qu'en écoutant j'aie eu l'esprit distrait,
Ou bien que le lecteur m'ait gâté le sonnet.
Mais laissons ce discours, et voyons ma ballade.

TRISSOTIN.

La ballade, à mon goût, est une chose fade ;
Ce n'en est plus la mode, elle sent son vieux temps.

VADIUS.

La ballade pourtant charme beaucoup de gens.

TRISSOTIN.

Cela n'empêche pas qu'elle ne me déplaise.

VADIUS.

Elle n'en reste pas pour cela plus mauvaise.

TRISSOTIN.

Elle a pour les pédants de merveilleux appas.

VADIUS.

Cependant nous voyons qu'elle ne vous plaît pas.

9.

TRISSOTIN.

Vous donnez sottement vos qualités aux autres.

(*Ils se lèvent tous.*)

VADIUS.

Fort impertinemment vous me jetez les vôtres.

TRISSOTIN.

Allez, petit grimaud, barbouilleur de papier.

VADIUS.

Allez, rimeur de balle, opprobre du métier.

TRISSOTIN.

Allez, fripier d'écrits, impudent plagiaire.

VADIUS.

Allez, cuistre...

PHILAMINTE.

Hé! messieurs, que prétendez-vous faire?

TRISSOTIN, *à Vadius.*

Va, va restituer tous les honteux larcins
Que réclament sur toi les Grecs et les Latins.

VADIUS.

Va, va-t-en faire amende honorable au Parnasse
D'avoir fait à tes vers estropier Horace.

TRISSOTIN.

Souviens-toi de ton livre et de son peu de bruit.

VADIUS.

Et toi de ton libraire à l'hôpital réduit.

TRISSOTIN.

Ma gloire est établie, en vain tu la déchires.

VADIUS.

Oui, oui, je te renvoie à l'auteur des satires.

TRISSOTIN.

Je t'y renvoie aussi.

VADIUS.

J'ai le contentement,
Qu'on voit qu'il m'a traité plus honorablement.
Il me donne en passant une atteinte légère
Parmi plusieurs auteurs qu'au palais on révère ;
Mais jamais dans ses vers il ne te laisse en paix,
Et l'on t'y voit partout être en butte à ses traits.

TRISSOTIN.

C'est par là que j'y tiens un nom plus honorable.
Il te met dans la foule ainsi qu'un misérable ;
Il croit que c'est assez d'un coup pour t'accabler,
Et ne t'a jamais fait l'honneur de redoubler :
Mais il m'attaque à part comme un noble adver-
[saire
Sur qui tout son effort lui semble nécessaire ;
Et ses coups contre moi redoublés en tous lieux,
Montrent qu'il ne se croit jamais victorieux.

VADIUS.

Ma plume t'apprendra quel homme je puis être.

TRISSOTIN.

Et la mienne saura te faire voir son maître.

VADIUS.

Je te défie en vers, prose, grec et latin.

TRISSOTIN.

Hé bien ! nous nous verrons seul à seul chez Barbin.

LE BOURGEOIS GENTILHOMME

M. Jourdain est un bourgeois enrichi, qui est pres-
que parvenu à se persuader qu'il est noble, ou du
moins à croire qu'il a fait oublier sa naissance. Sa
femme, sa servante Nicole, les maîtres de danse,
de musique, d'armes et de philosophie qu'il a pris
pour lui enseigner les airs et les manières d'un homme
de qualité, le grand seigneur qui s'est fait son con-
fident et son ami pour lui emprunter de grosses
sommes, le jeune homme à qui il refuse sa fille, par-
ce qu'il a la franchise de lui avouer qu'il n'est pas
noble, tout contribue à faire ressortir la sottise de
M. Jourdain. Nous donnons les deux meilleures scè-
nes de cette pièce.

ACTE III, SCÈNE III.

MADAME JOURDAIN.

Ah ! ah ! voici une nouvelle histoire ! Qu'est-ce que
c'est donc, mon mari, que cet équipage-là ? Vous moquez-vous du monde, de vous être fait enharnacher de
la sorte ? et avez-vous envie qu'on se raille partout
vous ?

M. JOURDAIN.

Il n'y a que des sots et des sottes, ma femme, qui se
railleront de moi.

MADAME JOURDAIN.

Vraiment, on n'a pas attendu jusqu'à cette heure ; et
il y a longtemps que vos façons de faire donnent à rire
à tout le monde.

M. JOURDAIN.

Qui est donc tout ce monde-là, s'il vous plaît ?

MADAME JOURDAIN.

Tout ce monde-là est un monde qui a raison, et qui
est plus sage que vous. Pour moi, je suis scandalisée de
la vie que vous menez. Je ne sais plus ce que c'est que
notre maison : on dirait qu'il est céans carême-prenant
tous les jours ; et dès le matin, de peur d'y manquer,
on y entend des vacarmes de violons et de chanteurs
dont tout le voisinage se trouve incommodé.

NICOLE.

Madame parle bien. Je ne saurais plus voir mon ménage propre avec cet attirail de gens que vous faites
venir chez vous. Ils ont des pieds qui vont chercher de
la boue dans tous les quartiers de la ville pour l'apporter ici ; et la pauvre Françoise est presque sur les dents
à frotter les planchers que vos biaux maîtres viennent
crotter régulièrement tous les jours.

M. JOURDAIN.

Ouais ! notre servante Nicole, vous avez le caquet
bien affilé pour une paysanne !

Mme JOURDAIN.

Nicole a raison, et son sens est meilleur que le vôtre.

Je voudrais bien savoir ce que vous pensz faire d'un maître à danser à l'âge que vous avez.

NICOLE.

Et d'un grand maître tireur d'armes qui vient, avec
ses battements de pied, ébranler toute la maison, et
nous déraciner tous les carriaux de notre salle.

M. JOURDAIN.

Taisez-vous, ma servante, et ma femme.

Mme JOURDAIN.

Est-ce que vous voulez apprendre à danser pour quand
vous n'aurez plus de jambes?

NICOLE.

Est-ce que vous avez envie de tuer quelqu'un ?

M. JOURDAIN.

Taisez-vous, vous dis-je; vous êtes des ignorantes
l'une et l'autre, et vous ne savez pas les prérogatives de
tout cela.

Mme JOURDAIN.

Vous devriez bien plutôt songer à marier votre fille,
qui est en âge d'être pourvue.

M. JOURDAIN.

Je songerai à marier ma fille quand il se présentera
un parti pour elle ; mais je veux aussi songer à apprendre les belles choses.

NICOLE.

J'ai encore ouï dire, madame, qu'il a pris aujourd'hui,
pour renfort de potage, un maître de philosophie.

M. JOURDAIN.

Fort bien. Je veux avoir de l'esprit, et savoir raisonner des choses parmi les honnêtes gens.

Mme JOURDAIN.

N'irez-vous pas un de ces jours au collége vous faire donner le fouet à votre âge ?

M. JOURDAIN.

Pourquoi non ? Plût à Dieu l'avoir tout à l'heure le fouet devant tout le monde, et savoir ce qu'on apprend au collége !

NICOLE.

Oui, ma foi, cela vous rendrait la jambe bien mieux faite.

M. JOURDAIN.

Sans doute.

Mme JOURDAIN.

Tout cela est fort nécessaire pour conduire votre maison !

M. JOURDAIN.

Assurément. Vous parlez toutes deux comme des bêtes, et j'ai honte de votre ignorance. Par exemple *(à madame Jourdain)*, savez-vous, vous, ce que c'est que vous dites à cette heure ?

Mme JOURDAIN.

Oui ; je sais que ce que je dis est fort bien dit, et que vous devriez songer à vivre d'autre sorte.

M. JOURDAIN.

Je ne parle pas de cela. Je vous demande ce que c'est que les paroles que vous dites ici.

Mme JOURDAIN.

Ce sont des paroles bien sensées, et votre conduite ne l'est guère.

M. JOURDAIN.

Je ne parle pas de cela, vous dis-je ; je vous demande ce que je parle avec vous, ce que je vous dis à cette heure, qu'est-ce que c'est ?

Mme JOURDAIN.

Des chansons.

M. JOURDAIN.

Hé ! non, ce n'est pas cela. Ce que nous disons tous deux ? le langage que nous parlons à cette heure ?

Mme JOURDAIN.

Hé bien ?

M. JOURDAIN.

Comment est-ce que cela s'appelle ?

Mme JOURDAIN.

Cela s'appelle comme on veut l'appeler.

M. JOURDAIN.

C'est de la prose, ignorante.

Mme JOURDAIN.

De la prose ?

M. JOURDAIN.

Oui, de la prose. Tout ce qui est prose n'est point vers ;
et tout ce qui est n'est point vers est prose. Et voilà ce
que c'est que d'étudier ! *(à Nicole.)* Et toi, sais-tu bien
comment il faut faire pour dire un U ?

NICOLE.

Comment ?

M. JOURDAIN.

Oui, qu'est-ce que tu fais quand tu dis un U ?

NICOLE.

Quoi ?

M. JOURDAIN.

Dis un peu un U, pour voir.

NICOLE.

Hé bien, U.

M. JOURDAIN.

Qu'est-ce que tu fais ?

NICOLE.

Je dis U.

M. JOURDAIN.

Oui. Mais quand tu dis U, qu'est-ce que tu fais ?

NICOLE.

Je fais ce que vous me dites.

M. JOURDAIN.

Oh ! l'étrange chose que d'avoir affaire à des bêtes !

Tu allonges les lèvres en dehors, et approches la mâ-
choire d'en-haut de celle d'en-bas. U, vois-tu ? U ; je
fais la moue. U.

NICOLE.

Oui, cela est biau !

Mme JOURDAIN.

Voilà qui est admirable !

M. JOURDAIN.

C'est bien autre chose, si vous aviez vu O, et DA, DA,
et FA, FA.

Mme JOURDAIN.

Qu'est-ce que c'est donc que tout ce galimatias-là ?

NICOLE.

De quoi est-ce que tout cela guérit ?

M. JOURDAIN.

J'enrage, quand je vois des femmes ignorantes.

Mme JOURDAIN.

Allez, vous devriez envoyer promener ces gens-là avec
leurs fariboles.

NICOLE.

Et surtout ce grand escogriffe de maître d'armes, qui
remplit de poudre tout mon ménage.

M. JOURDAIN.

Ouais ! ce maître d'armes vous tient bien au cœur !
Je te veux faire voir ton impertinence tout à l'heure.
(après avoir fait apporter les fleurets, et en avoir

donné un à Nicole.) Tiens ; raison démonstrative ; la
ligne du corps. Quand on pousse en quarte on n'a qu'à
faire cela ; et, quand on pousse en tierce, on n'a qu'à
faire cela. Voilà le moyen de n'être jamais tué ; et cela
n'est-il pas beau d'être assuré de son fait, quand on se
bat contre quelqu'un ? Là, pousse-moi un peu, pour
voir.

NICOLE.

Hé bien, quoi ? *(Nicole pousse plusieurs bottes à
M. Jourdain.)*

M. JOURDAIN.

Tout beau. Holà ! ho ! doucement. Diantre soit la
coquine !

NICOLE.

Vous me dites de pousser.

M. JOURDAIN.

Oui ; mais tu me pousses en tierce, avant que de
pousser en quarte, et tu n'as pas la patience que je pare.

Mme JOURDAIN.

Vous êtes fou, mon mari, avec toutes vos fantaisies ;
et cela vous est venu depuis que vous vous mêlez de hanter
la noblesse.

M. JOURDAIN.

Lorsque je hante la noblesse, je fais paraître mon
jugement ; et cela est plus beau que de hanter votre
bourgeoisie.

Mme JOURDAIN.

Çamon vraiment ! il y a fort à gagner à fréquenter vos nobles ! et vous avez bien opéré avec ce beau monsieur le comte dont vous vous êtes embéguiné.

M. JOURDAIN.

Paix, songez à ce que vous dites. Savez-vous bien, ma femme, que vous ne savez pas de qui vous parlez, quand vous parlez de lui ? C'est une personne d'importance plus que vous ne pensez, un seigneur que l'on considère à la cour, et qui parle au roi tout comme je vous parle. N'est-ce pas une chose qui m'est tout-à-fait honorable, que l'on voie venir chez moi si souvent une personne de cette qualité, qui m'appelle son cher ami, et me traite comme si j'étais son égal ? Il a pour moi des bontés qu'on ne devinerait jamais ; et devant tout le monde il me fait des caresses dont je suis moi-même confus.

Mme JOURDAIN.

Oui, il a des bontés pour vous et vous fait des caresses ; mais il vous emprunte votre argent.

M. JOURDAIN.

Hé bien ! ne m'est-ce pas de l'honneur de prêter de l'argent à un homme de cette condition-là ? et dois-je faire moins pour un seigneur qui m'appelle son cher ami?

Mme JOURDAIN.

Et ce seigneur que fait-il pour vous ?

M. JOURDAIN.

Des choses dont on serait étonné si on les savait.

Mme JOURDAIN.

Et quoi ?

M. JOURDAIN.

Baste, je ne puis pas m'expliquer. Il suffit que si je lui ai prêté de l'argent, il me le rendra bien et avant qu'il soit peu.

Mme JOURDAIN.

Oui, attendez-vous à cela.

M. JOURDAIN.

Assurément. Ne me l'a-t-il pas dit ?

Mme JOURDAIN.

Oui, oui ; il ne manquera pas d'y faillir.

M. JOURDAIN.

Il m'a juré sa foi de gentilhomme.

Mme JOURDAIN.

Chansons.

M. JOURDAIN.

Ouais ! Vous êtes bien obstinée, ma femme. Je vous dis qu'il me tiendra sa parole, j'en suis sûr.

Mme JOURDAIN.

Et moi, je suis sûre que non, et que toutes les caresses qu'il vous fait ne sont que pour vous enjôler.

M. JOURDAIN.

Taisez-vous. Le voici.

Mme JOURDAIN.

Il ne nous faut plus que cela. Il vient peut-être encore vous faire quelque emprunt, et il me semble que j'ai diné quand je le vois.

M. JOURDAIN.

Taisez-vous, vous dis-je.

SCÈNE XII.

CLÉONTE.

Monsieur, je n'ai voulu prendre personne pour vous faire une demande que je médite il y a longtemps. Elle me touche assez pour m'en charger moi-même ; et sans autre détour, je vous dirai que l'honneur d'être votre gendre est une faveur glorieuse que je vous prie de m'accorder.

M. JOURDAIN.

Avant que de vous rendre réponse, monsieur, je vous prie de me dire si vous êtes gentilhomme.

CLÉONTE.

Monsieur, la plupart des gens sur cette question n'hésitent pas beaucoup : on tranche le mot aisément. Ce nom ne fait aucun scrupule à prendre ; et l'usage aujourd'hui semble en autoriser le vol. Pour moi, je vous l'avoue, j'ai les sentiments sur cette matière un peu plus délicats. Je trouve que toute imposture est indigne d'un honnête homme, et qu'il y a de la lâcheté à déguiser ce que le ciel nous a fait naître, à se parer aux yeux du monde d'un titre dérobé, à se vouloir donner pour ce qu'on n'est pas. Je suis né de parents, sans doute, qui ont tenu des charges honorables ; je me suis acquis dans les armes l'honneur de six ans de service, et je me trouve assez de bien pour tenir dans le monde un rang assez passable : mais, avec tout cela, je ne veux pas me donner un nom où d'autres en ma place croiraient pouvoir prétendre ; et je vous dirai franchement que je ne suis point gentilhomme.

M. JOURDAIN.

Touchez-là, monsieur, ma fille n'est pas pour vous.

CLÉONTE.

Comment ?

M. JOURDAIN.

Vous n'êtes point gentilhomme, vous n'aurez point ma fille.

Mme JOURDAIN.

Que voulez-vous donc dire avec votre gentilhomme ? Est-ce que nous sommes, nous autres, de la côte de saint Louis ?

M. JOURDAIN.

Taisez-vous, ma femme ; je vous vois venir.

Mme JOURDAIN.

Descendons nous tous deux que de bonne bourgeoisie ?

M. JOURDAIN.

Voilà pas le coup de langue ?

Mme JOURDAIN.

Et votre père n'était-il pas marchand aussi bien que
le mien ?

M. JOURDAIN.

Peste soit de la femme! elle n'y a jamais manqué. Si
votre père a été marchand, tant pis pour lui ; mais,
pour le mien, ce sont des malavisés qui disent cela.
Tout ce que j'ai à vous dire, moi, c'est que je veux avoir
un gendre gentilhomme.

Mme JOURDAIN.

Il faut à votre fille un mari qui lui soit propre ; et il
vaut mieux pour elle un honnête homme riche et bien
fait, qu'un gentilhomme gueux et mal bâti.

NICOLE.

Cela est vrai. Nous avons le fils du gentilhomme de
notre village qui est le plus grand malitorne et le plus
sot dadais que j'aie jamais vu.

M. JOURDAIN, *à Nicole*.

Taisez-vous, impertinente ; vous vous fourrez toujours dans la conversation. J'ai du bien assez pour ma
fille, je n'ai besoin que d'honneurs ; et je la veux faire
marquise.

Mme JOURDAIN.

Marquise !

M. JOURDAIN.

Oui, marquise.

Mme JOURDAIN.

Hélas! Dieu m'en garde !

M. JOURDAIN.

C'est une chose que j'ai résolue.

Mme JOURDAIN.

C'est une chose, moi, où je ne consentirai point. Les alliances avec plus grand que soi sont sujettes toujours à de fâcheux inconvénients. Je ne veux point qu'un gendre puisse à ma fille reprocher ses parents, et qu'elle ait des enfants qui aient honte de m'appeler leur grand-maman. S'il fallait qu'elle me vînt visiter en équipage de grand'dame, et qu'elle manquât par mégarde à saluer quelqu'un du quartier, on ne manquerait pas aussitôt de dire cent sottises. « Voyez-vous, dirait-on, cette madame la mar- « quise qui fait tant la glorieuse ? c'est la fille de mon- « sieur Jourdain, qui était trop heureuse, étant petite, « de jouer à la madame avec nous. Elle n'a pas toujours « été si relevée que la voilà, et ses deux grands-pères « vendaient du drap auprès de la porte Saint-Innocent. « Ils ont amassé du bien à leurs enfants, qu'ils payent « maintenant peut-être bien cher en l'autre monde ; et « l'on ne devient guère si riche à être honnêtes gens. » Je ne veux point tous ces caquets ; et je veux un homme, en un mot, qui m'ait obligation de ma fille, et à qui je puisse dire : Mettez-vous là, mon gendre, et dînez avec moi.

M. JOURDAIN.

Voilà bien les sentiments d'un petit esprit, de vouloir demeurer toujours dans la bassesse. Ne me répliquez pas davantage : ma fille sera marquise en dépit de tout le monde ; et si vous me mettez en colère, je la ferai duchesse.

LES FOURBERIES DE SCAPIN

Malgré les reproches de Boileau, cette pièce a des scènes du comique le plus délicat, empruntées à Térence ; ce sont celles que nous donnons.

ACTE II, SCÈNE VIII.

SCAPIN, *à part.*

Le voilà qui rumine.

ARGANTE, *se croyant seul.*

Avoir si peu de conduite et de considération ! S'aller jeter dans un engagement comme celui-là ! Ah ! ah ! jeunesse impertinente !

SCAPIN.

Monsieur, votre serviteur.

ARGANTE.

Bon jour, Scapin.

SCAPIN.

Vous rêvez à l'affaire de votre fils ?

ARGANTE.

Je t'avoue que cela me donne un furieux chagrin.

SCAPIN.

Monsieur, la vie est pleine de traverses ; il est bon de s'y tenir sans cesse préparé ; et j'ai ouï dire, il y a longtemps, une parole d'un ancien, que j'ai toujours retenue.

ARGANTE.

Quoi ?

SCAPIN.

Que, pour peu qu'un père de famille ait été absent de chez lui, il doit promener son esprit sur tous les fâcheux accidents que son retour peut rencontrer ; se figurer sa maison brûlée, son argent dérobé, sa femme morte, son fils estropié, sa fille subornée ; et ce qu'il trouve qui ne lui est point arrivé, l'imputer à bonne fortune. Pour moi, j'ai pratiqué toujours cette leçon dans ma petite philosophie ; et je ne suis jamais revenu au logis, que je ne me sois tenu prêt à la colère de mes maîtres, aux réprimandes, aux injures, aux coups de pieds au cul, aux bastonnades, aux étrivières ; et ce qui a manqué à m'arriver, j'en ai rendu graces à mon bon destin.

ARGANTE.

Voilà qui est bien : mais ce mariage impertinent qui trouble celui que nous voulons faire est une chose que je ne puis souffrir, et je viens de consulter des avocats pour le faire casser.

SCAPIN.

Ma foi, monsieur, si vous m'en croyez, vous tâcherez, par quelque autre voie, d'accommoder l'affaire. Vous savez ce que c'est que les procès en ce pays-ci, et vous allez vous enfoncer dans d'étranges épines.

ARGANTE.

Tu as raison, je le vois bien. Mais quelle autre voie ?

SCAPIN.

Je pense que j'en ai trouvé une. La compassion que m'a donnée tantôt votre chagrin m'a obligé à chercher dans ma tête quelque moyen pour vous tirer d'inquiétude : car je ne saurais voir d'honnêtes pères chagrinés par leurs enfants, que cela ne m'émeuve, et, de tout temps, je me suis senti pour votre personne une inclination particulière.

ARGANTE.

Je te suis obligé.

SCAPIN.

J'ai donc été trouver le frère de cette fille qui a été épousée. C'est un de ces braves de profession, de ces gens qui sont tout coups d'épée, qui ne parlent que d'échiner, et ne font non plus de conscience de tuer un homme que d'avaler un verre de vin. Je l'ai mis sur ce mariage, lui ai fait voir quelle facilité offrait la raison de la violence pour le faire casser, vos prérogatives du nom de père, et l'appui que vous donneraient auprès de la justice, et votre droit, et votre argent, et vos amis ; enfin, je l'ai tant tourné de tous les côtés, qu'il a prêté l'oreille aux propositions que je lui ai faites d'ajuster l'affaire pour quelque somme ; et il donnera son consentement à rompre le mariage, pourvu que vous lui donniez de l'argent.

ARGANTE.

Et qu'a-t-il demandé ?

SCAPIN.

Oh ! d'abord des choses par dessus les maisons.

10.

ARGANTE.

Hé ! quoi ?

SCAPIN.

Des choses extravagantes.

ARGANTE.

Mais encore ?

SCAPIN.

Il ne parlait pas moins que de cinq ou six cents pistoles.

ARGANTE.

Cinq ou six cents fièvres quartaines qui le puissent serrer ! Se moque-t-il des gens ?

SCAPIN.

C'est ce que je lui ai dit. J'ai rejeté bien loin de pareilles propositions, et je lui ai bien fait entendre que vous n'étiez point une dupe, pour vous demander des cinq ou six cents pistoles. Enfin, après plusieurs discours, voici où s'est réduit le résultat de notre conférence. Nous voilà au temps, m'a-t-il dit, que je dois partir pour l'armée ; je suis après à m'équiper, et le besoin que j'ai de quelque argent me fait consentir malgré moi à ce qu'on me propose. Il me faut un cheval de service, et je n'en saurais avoir un qui soit tant soit peu raisonnable, à moins de soixante pistoles.

ARGANTE.

Hé bien, pour soixante pistoles, je les donne.

SCAPIN.

Il faudra le harnais et les pistolets, et cela ira bien à vingt pistoles encore.

ARGANTE.

Vingt pistoles et soixante, ce serait quatre-vingt !

SCAPIN.

Justement.

ARGANTE.

C'est beaucoup ; mais soit ; je consens à cela.

SCAPIN.

Il me faut aussi un cheval pour monter mon valet, qui coûtera bien trente pistoles.

ARGANTE.

Comment diantre ! Qu'il se promène ; il n'aura rien du tout.

SCAPIN.

Monsieur...

ARGANTE.

Non. C'est un impertinent.

SCAPIN.

Voulez-vous que son valet aille à pied ?

ARGANTE.

Qu'il aille comme il lui plaira, et le maître aussi.

SCAPIN.

Mon Dieu ! monsieur, ne vous arrêtez point à peu

de chose : n'allez point plaider, je vous prie ; et donnez tout pour vous sauver des mains de la justice.

ARGANTE.

Hé bien soit. Je me résous encore à donner ces trente
pistoles.

SCAPIN.

Il me faut encore, a-t-il dit, un mulet pour porter...

ARGANTE.

Oh ? qu'il aille au diable avec son mulet ! C'en est
trop, et nous irons devant les juges.

SCAPIN.

De grace, monsieur...

ARGANTE.

Non, je n'en ferai rien.

SCAPIN.

Monsieur, un petit mulet.

ARGANTE.

Je ne lui donnerais pas seulement un âne.

SCAPIN.

Considérez...

ARGANTE.

Non, j'aime mieux plaider.

SCAPIN.

Hé ! monsieur, de quoi parlez-vous là, et à quoi vous
résolvez-vous ! Jetez les yeux sur les détours de la jus-

tice ; voyez combien d'appels et de degrés de juridiction, combien de procédures embarrassantes, combien d'animaux ravissants par les griffes desquels il vous faudra passer ; sergents, procureurs, avocats, greffiers, substituts, rapporteurs, juges, et leurs clercs. Il n'y a pas un de tous ces gens-là qui, pour la moindre chose, ne soit capable de donner un soufflet au meilleur droit du monde. Un sergent baillera de faux exploits, sur quoi vous serez condamné sans que vous le sachiez. Votre procureur s'entendra avec votre partie, et vous vendra à beaux deniers comptants. Votre avocat, gagné de même, ne se trouvera point lorsqu'on plaidera votre cause, ou dira des raisons qui ne feront que battre la campagne, et n'iront point au fait. Le greffier délivrera par contumace des sentences et arrêts contre vous. Le clerc du rapporteur soustraira des pièces, ou le rapporteur même ne dira pas ce qu'il a vu. Et quand, par les plus grandes précautions du monde, vous aurez paré tout cela, vous serez ébahi que vos juges auront été sollicités contre vous, ou par des gens dévots, ou par des femmes qu'ils aimeront. Hé ! monsieur, si vous le pouvez, sauvez-vous de cet enfer-là. C'est être damné dès ce monde que d'avoir à plaider ; et la seule pensée d'un procès serait capable de me faire fuir jusqu'aux Indes.

ARGANTE.

A combien fait-il monter le mulet ?

SCAPIN.

Monsieur, pour son mulet, pour son cheval. et celui de son homme, pour le harnais et les pistolets, et pour payer quelque petite chose qu'il doit à son hôtesse, il demande en tout deux cents pistoles.

ARGANTE.

Deux cents pistoles ?

SCAPIN.

Oui.

ARGANTE, *se promenant en colère.*

Allons, allons ; nous plaiderons.

SCAPIN.

Faites réflexion...

ARGANTE.

Je plaiderai.

SCAPIN.

Ne vous allez point jeter...

ARGANTE.

Je veux plaider.

SCAPIN.

Mais, pour plaider, il vous faudra de l'argent ; il vous en faudra pour l'exploit ; il vous en faudra pour le contrôle ; il vous en faudra pour la procuration, pour la présentation, conseils, productions, et journées de procureur ; il vous en faudra pour les consultations et plaidoiries des avocats, pour le droit de retirer le sac, et pour les grosses d'écritures ; il vous en faudra pour le rapport des substituts ; pour les épices de conclusion, pour l'enregistrement du greffier, façon

d'appointement, sentences et arrêts, contrôles, signa-
tures, et expéditions de leurs clercs, sans parler de tous
les présents qu'il vous faudra faire. Donnez cet argent-là
à cet homme-ci, vous voilà hors d'affaire.

ARGANTE.

Comment ! deux cents pistoles !

SCAPIN.

Oui. Vous y gagnerez. J'ai fait un petit calcul, en
moi-même, de tous les frais de la justice ; et j'ai trouvé
qu'en donnant deux cents pistoles à votre homme, vous
en aurez de reste, pour le moins cent cinquante, sans
compter les soins, les pas et les chagrins que vous épar-
gnerez. Quand il n'y aurait à essuyer que les sottises
que disent devant le monde de méchants plaisants d'a-
vocats, j'aimerais mieux donner trois cents pistoles que
de plaider.

ARGANTE.

Je me moque de cela, et je défie les avocats de rien
dire de moi.

SCAPIN.

Vous ferez ce qu'il vous plaira ; mais si j'étais que de
vous, je fuirai les procès.

ARGANTE.

Je ne donnerai point deux cent pistoles.

SCAPIN.

Voici l'homme dont il s'agit.

Le frère en question arrive déguisé en spadassin et effraye Argante par ses airs de Matamore.

SCÈNE X.

SCAPIN.

Hé bien ! vous voyez combien de personnes tuées pour deux cent pistoles. Or sus, je vous souhaite une bonne fortune !

ARGANTE *tout tremblant.*

Scapin !

SCAPIN.

Plait-il ?

ARGANTE.

Je me résous à donner les deux cents pistoles.

SCAPIN.

J'en suis ravi pour l'amour de vous.

ARGANTE.

Allons le trouver, je les ai sur moi.

SCAPIN.

Vous n'avez qu'à me les donner. Il ne faut pas, pour votre honneur, que vous paraissiez là, après avoir passé ici pour autre que ce que vous êtes ; et, de plus, je craindrais qu'en vous faisant connaître il n'allât s'aviser de demander davantage.

ARGANTE.

Oui ; mais j'aurais été bien aise de voir comme je donne mon argent.

SCAPIN.

Est-ce que vous vous défiez de moi ?

ARGANTE.

Non pas ; mais...

SCAPIN.

Parbleu, monsieur, je suis un fourbe, ou je suis un honnête homme : c'est l'un des deux. Est-ce que je voudrais vous tromper, et que, dans tout ceci, j'ai d'autre intérêt que le vôtre et celui de mon maître, à qui vous voulez vous allier ? Si je vous suis suspect, je ne me mêle plus de rien, et vous n'avez qu'à chercher, dès cette heure, qui raccommodera vos affaires.

ARGANTE.

Tiens donc.

SCAPIN.

Non, monsieur, ne me confiez point votre argent. Je serai bien aise que vous vous serviez de quelque autre.

ARGANTE.

Mon Dieu ! tiens.

SCAPIN.

Non, vous dis-je ; ne vous fiez point à moi. Que sait-on si je ne veux point vous attrapper votre argent ?

11

ARGANTE.

Tiens, te dis-je ; ne me fais point contester davantage. Mais songe bien à prendre tes sûretés avec lui.

SCAPIN.

Laissez-moi faire ; il n'a pas affaire à un sot.

ARGANTE.

Je vais l'attendre chez moi.

SCAPIN.

Je ne manquerai pas d'y aller. *(seul.)* Et d'un. Je
n'ai qu'à chercher l'autre. Ah ! ma foi, le voici. Il semble que le ciel, l'un après l'autre, les amène dans mes
filets.

SCÈNE XI.

SCAPIN, *faisant semblant de ne pas voir Géronte.*

O ciel ! O ! disgrace imprévue ! O misérable père !
Pauvre Géronte, que feras-tu ?

GÉRONTE, *à part.*

Que dit-il là de moi, avec ce visage affligé ?

SCAPIN.

N'y a-t-il personne qui puisse me dire où est le seigneur Géronte ?

GÉRONTE.

Qu'y a-t-il, Scapin ?

SCAPIN, *courant sur le théâtre, sans vouloir entendre
ni voir Géronte.*

Où pourrais-je le rencontrer pour lui dire cette infortune ?

GÉRONTE, *courant après Scapin.*

Qu'est-ce que c'est donc ?

SCAPIN.

En vain je cours de tous côtés pour le pouvoir trouver.

GÉRONTE.

Me voici.

SCAPIN.

Il faut qu'il soit caché dans quelque endroit qu'on ne puisse point deviner.

GÉRONTE, *arrêtant Scapin.*

Holà. Es-tu aveugle, que tu ne me vois pas ?

SCAPIN.

Ah ! monsieur, il n'y a pas moyen de vous rencontrer.

GÉRONTE.

Il y a une heure que je suis devant toi. Qu'est-ce que c'est donc qu'il y a ?

SCAPIN.

Monsieur...

GÉRONTE.

Quoi ?

SCAPIN.

Monsieur votre fils...

GÉRONTE.

Hé bien ? mon fils...

SCAPIN.

Est tombé dans une disgrace la plus étrange du monde.

GÉRONTE.

Et quelle ?

SCAPIN.

Je l'ai trouvé tantôt tout triste de je ne sais quoi que vous lui avez dit, où vous m'avez mêlé assez mal à propos, et cherchant à divertir cette tristesse, nous nous sommes allés promener sur le port. Là, entre autres plusieurs choses, nous avons arrêté nos yeux sur une galère turque assez bien équipée. Un jeune Turc de bonne mine nous a invités d'y entrer, et nous a présenté la main. Nous y avons passé. Il nous a fait mille civilités, nous a donnés la collation, où nous avons mangé des fruits les plus excellents qui se puissent voir, et bu du vin que nous avons trouvé le meilleur du monde.

GÉRONTE.

Qu'y a-t-il de si affligeant à tout cela ?

SCAPIN.

Attendez, monsieur, nous y voici. Pendant que nous mangions, il a fait mettre la galère en mer ; et se voyant éloigné du port, il m'a fait mettre dans un esquif, et m'envoie vous dire que si vous ne lui envoyez par moi tout

à l'heure cinq cents écus, il va vous emmener votre fils
en Alger.

GÉRONTE.

Comment diantre ! cinq cents écus !

SCAPIN.

Oui, monsieur; et, de plus, il ne m'a donné pour
cela que deux heures.

GÉRONTE.

Ah ! le pendard de Turc ! m'assassiner de la façon !

SCAPIN.

C'est à vous, monsieur, d'aviser promptement aux
moyens de sauver des fers un fils que vous aimez avec
tant de tendresse.

GÉRONTE.

Que diable allait-il faire dans cette galère ?

SCAPIN.

Il ne songeait pas à ce qui est arrivé.

GÉRONTE.

Va-t-en, Scapin, va-t-en vite dire à ce Turc que je
vais envoyer la justice après lui.

SCAPIN.

La justice en pleine mer ! vous moquez-vous des
gens ?

GÉRONTE.

Que diable allait-il faire dans cette galère ?

SCAPIN.

Une méchante destinée conduit quelquefois les personnes.

GÉRONTE.

Il faut, Scapin, que tu fasses ici l'action d'un serviteur fidèle.

SCAPIN.

Quoi, monsieur ?

GÉRONTE.

Que tu ailles dire à ce Turc qu'il me renvoie mon fils, et que tu te mettes à sa place jusqu'à ce que j'aie amassé la somme qu'il demande.

SCAPIN.

Hé ! monsieur, songez-vous à ce que vous dites ? et vous figurez-vous que ce Turc ait si peu de sens, que d'aller recevoir un misérable comme moi à la place de votre fils ?

GÉRONTE.

Que diable allait-il faire dans cette galère ?

SCAPIN.

Il ne devinait pas ce malheur. Songez, monsieur, qu'il ne m'a donné que deux heures.

GÉRONTE.

Tu dis qu'il demande...

SCAPIN.

Cinq cents écus.

GÉRONTE.

Cinq cents écus ! n'a-t-il point de conscience ?

SCAPIN.

Vraiment oui, de la conscience à un Turc !

GÉRONTE.

Sait-il bien ce que c'est que cinq cents écus ?

SCAPIN.

Oui, monsieur, il sait que c'est mille cinq cents livres.

GÉRONTE.

Croit-il, le traître, que mille cinq cents livres se trouvent dans le pas d'un cheval ?

SCAPIN.

Ce sont des gens qui n'entendent point de raisons.

GÉRONTE.

Mais que diable allait-il faire dans cette galère ?

SCAPIN.

Il est vrai ; mais quoi ! on ne prévoyait pas les choses. De grace, monsieur, dépêchez.

GÉRONTE.

Tiens, voilà la clef de mon armoire.

SCAPIN.

Bon.

GÉRONTE.

Tu l'ouvriras.

SCAPIN.

Fort bien.

GÉRONTE.

Tu trouveras une grosse clef du côté gauche, qui est celle de mon grenier.

SCAPIN.

Oui.

GÉRONTE.

Tu iras prendre toutes les hardes qui sont dans cette grande manne, et tu les vendras aux fripiers, pour aller racheter mon fils.

SCAPIN, *en lui rendant la clef.*

Hé ! monsieur, rêvez-vous ? Je n'aurais pas cent francs de tout ce que vous me dites ; et de plus, vous savez le peu de temps qu'on m'a donné.

GÉRONTE.

Mais que diable allait-il faire dans cette galère ?

SCAPIN.

Oh ! que de paroles perdues ! Laissez là cette galère, et songez que le temps presse, et que vous courez risque de perdre votre fils. Hélas ! mon pauvre maître, peut-être que je ne te verrai de ma vie, et qu'à l'heure que je parle on t'emmène esclave en Alger ! Mais le ciel sera témoin que j'ai fait tout ce que j'ai pu, et que si tu manques à être racheté, il n'en faut accuser que le peu d'amitié d'un père.

GÉRONTE.

Attends, Scapin, je m'en vais quérir cette somme.

SCAPIN.

Dépêchez donc vite, monsieur ; je tremble que l'heure ne sonne.

GÉRONTE.

N'est-ce pas quatre cents écus que tu dis ?

SCAPIN.

Non, cinq cents écus.

GÉRONTE.

Cinq cents écus !

SCAPIN.

Oui.

GÉRONTE.

Que diable allait-il faire dans cette galère ?

SCAPIN.

Vous avez raison : mais hâtez-vous.

GÉRONTE.

N'y avait-il point d'autre promenade ?

SCAPIN.

Cela est vrai : mais faites promptement.

GÉRONTE.

Ah ! maudite galère !

SCAPIN, *à part*.

Cette galère lui tient au cœur.

GÉRONTE.

Tiens, Scapin, je ne me souvenais pas que je viens justement de recevoir cette somme en or ; et je ne croyais pas qu'elle dût m'être sitôt ravie. *(tirant sa bourse de sa poche, et la présentant à Scapin.)* Tiens, va-t-en racheter mon fils.

11.

SCAPIN, *tendant la main.*

Oui, monsieur.

GÉRONTE, *retenant sa bourse, qu'il fait semblant de vouloir donner à Scapin.*

Mais dis à ce Turc que c'est un scélérat.

SCAPIN, *tendant encore la main.*

Oui.

GÉRONTE, *recommençant la même action.*

Un infâme.

SCAPIN, *tendant toujours la main.*

Oui.

GÉRONTE, *de même.*

Un homme sans foi, un voleur.

SCAPIN.

Laissez-moi faire.

GÉRONTE, *de même.*

Qu'il me tire cinq cents écus contre toute sorte de droit.

SCAPIN.

Oui.

GÉRONTE, *de même.*

Que je ne les lui donne ni à la mort ni à la vie.

SCAPIN.

Fort bien.

GÉRONTE, *de même.*

Et que si jamais je l'attrappe, je saurai me venger de lui.

SCAPIN.

Oui.

GÉRONTE, *remettant sa bourse dans sa poche et s'en allant.*

Va, va vite requérir mon fils.

SCAPIN, *courant après Géronte.*

Holà, monsieur.

GÉRONTE.

Quoi ?

SCAPIN.

Où est donc cet argent ?

GÉRONTE.

Ne te l'ai-je pas donné ?

SCAPIN.

Non vraiment ; vous l'avez remis dans votre poche.

GÉRONTE.

Ah ! c'est la douleur qui me trouble l'esprit.

SCAPIN.

Je le vois bien.

GÉRONTE.

Que diable allait-il faire dans cette galère ? Ah ! maudite galère ! traître de Turc, à tous les diables !

SCAPIN, *seul.*

Il ne peut digérer les cinq cents écus que je lui arrache ; mais il n'est pas quitte envers moi ; et je veux qu'il me paie en une autre monnaie l'imposture qu'il m'a faite auprès de son fils.

LE MALADE IMAGINAIRE

Cette comédie, dont le titre indique suffisamment le sujet, est dans les deux premiers actes, un tableau véritable de la vie humaine, mêlé à la caricature d'un travers assez commun, et à la satire des médecins du temps de Molière. Quelquefois le tableau est trop chargé et dégénère en farce, mais on y voit des touches d'une vérité parfaite et qui sont le fruit d'une observation profonde de la nature. On en jugera par les scènes suivantes.

ACTE III, SCÈNE VI.

M. PURGON.

Je viens d'apprendre à la porte de jolies nouvelles; qu'on se moque ici de mes ordonnances, et qu'on a fait refus de prendre le remède que j'avais prescrit.

ARGAN.

Monsieur, ce n'est pas...

M. PURGON.

Voilà une hardiesse bien grande, une étrange rebellion d'un malade contre son médecin.

TOINETTE.

Cela est épouvantable.

M. PURGON.

Un clystère que j'avais pris plaisir à composer moi-
même.

ARGAN.

Ce n'est pas moi.

M. PURGON.

Inventé et formé dans toutes les règles de l'art.

TOINETTE.

Il a tort.

M. PURGON.

Et qui devait faire dans des entrailles un effet merveilleux.

ARGAN.

Mon frère...

M. PURGON.

Le renvoyer avec mépris,

ARGAN, *montrant Béralde.*

C'est lui...

M. PURGON.

C'est une action exorbitante,

TOINETTE.

Cela est vrai.

M. PURGON.

Un attentat énorme contre la médecine,

ARGAN, *montrant Béralde*.

Il est cause...

M. PURGON.

Un crime de lèze faculté qui ne se peut assez punir.

TOINETTE.

Vous avez raison.

M. PURGON.

Je vous déclare que je romps commerce avec vous ;

ARGAN.

C'est mon frère.

M. PURGON.

Que je ne veux plus d'alliance avec vous ;

TOINETTE.

Vous ferez bien.

M. PURGON.

Et que, pour finir toute liaison avec vous, voilà la donation que je faisais à mon neveu en faveur du mariage.

ARGAN.

C'est mon frère qui a fait tout le mal.

M. PURGON.

Mépriser mon clystère !

ARGAN.

Faites-le venir, je m'en vais le prendre.

M. PURGON.

Je vous aurais tiré d'affaire avant qu'il fût peu.

TOINETTE.

Il ne le mérite pas.

M. PURGON.

J'allais nettoyer votre corps et en évacuer entièrement les mauvaises humeurs ;

ARGAN.

Ah ! mon frère !

M. PURGON.

Et je ne voulais plus qu'une douzaine de médecines pour vider le fond du sac.

TOINETTE.

Il est indigne de vos soins.

M. PURGON.

Mais puisque vous n'avez pas voulu guérir par mes mains,

ARGAN.

Ce n'est pas ma faute.

M. PURGON.

Puisque vous vous êtes soustrait de l'obéissance que l'on doit à son médecin,

TOINETTE.

Cela crie vengeance.

M. PURGON.

Puisque vous vous êtes déclaré rebelle aux remèdes que je vous ordonnais,

ARGAN.

Hé ! point du tout.

M. PURGON.

J'ai à vous dire que je vous abandonne à votre mauvaise constitution, à l'intempérie de vos entrailles, à la
corruption de votre sang, à l'acreté de votre bile, et à la
féculence de vos humeurs.

TOINETTE.

C'est fort bien fait.

ARGAN.

Mon dieu !

M. PURGON.

Et je veux qu'avant qu'il soit quatre jours vous deve-
niez dans un état incurable ;

ARGAN.

Ah ! miséricorde !

M. PURGON.

Que vous tombiez dans la bradypepsie,

ARGAN.

Monsieur Purgon !

M. PURGON.

De la bradypepsie dans la dyspepsie,

ARGAN.

Monsieur Purgon !

M. PURGON.

De la dyspepsie dans l'apepsie,

ARGAN.

Monsieur Purgon !

M. PURGON.

De l'apepsie dans la lienterie,

ARGAN.

Monsieur Purgon !

M. PURGON.

De la lienterie dans la dyssenterie,

ARGAN.

Monsieur Purgon !

M. PURGON.

De la dyssenterie dans l'hydropisie,

ARGAN.

Monsieur Purgon !

M. PURGON.

Et de l'hydropisie dans la privation de la vie, où vous
aura conduit votre folie.

SCÈNE VII.

ARGAN.

Ah ! mon dieu ! je suis mort ! Mon frère ! vous
m'avez perdu !

BÉRALDE.

Quoi ? qu'y a-t-il ?

ARGAN.

Je n'en puis plus. Je sens que déjà la médecine se venge.

BÉRALDE.

Ma foi, mon frère, vous.êtes fou ; et je ne voudrais pas pour beaucoup de choses qu'on vous vît faire ce que vous faites. Tâtez-vous un peu, je vous prie ; revenez à vous-même, et ne donnez point tant à votre imagination.

ARGAN.

Vous voyez, mon frère, les étranges maladies dont il m'a menacé.

BÉRALDE.

Le simple homme que vous êtes !

ARGAN.

Il dit que je deviendrai incurable avant qu'il soit quatre jours.

BÉRALDE.

Et ce qu'il dit, que fait-il à la chose ? Est-ce un oracle qui a parlé ? Il semble, à vous entendre, que monsieur Purgon tienne dans ses mains le filet de vos jours, et que, d'autorité suprême, il vous l'allonge et vous le raccourcisse comme il lui plaît. Songez que les principes de votre vie sont en vous-même, et que le courroux de monsieur Purgon est aussi peu capable de vous faire mou-

rir, que ses remèdes de vous faire vivre. Voici une aven·
ture, si vous voulez, à vous défaire des médecins ; ou,
si vous êtes né à ne pouvoir vous en passer, il est aisé
d'en avoir un autre, avec lequel, mon frère, vous puissiez
courir un peu moins de risque.

ARGAN.

Ah ! mon frére, il sait tout mon tempérament, et la
manière dont il faut me gouverner.

BÉRALDE.

Il faut avouer que vous êtes un homme d'une grande
prévention, et que vous voyez les choses avec d'étranges
yeux.

FIN.

TABLE

FIN DE LA TABLE

Avignon. Imprimerie d'AMÉDÉE CHAILLOT.

SECTION IIE

Editée pour tous

par AMÉDÉE CHAILLOT, Imprimeur-Libraire, place du Change

A AVIGNON

1 Franc le Volume.

www.ingramcontent.com/pod-product-compliance
Lightning Source LLC
Chambersburg PA
CBHW070620100426
42744CB00006B/558